겸손한 마음으로 정중하게

인간이자 신이신

＿＿＿＿님께

이 책을 드립니다.

핵

(CORE, 核)

인간은 신이다

인간은 우연히 태어나서 기껏해야 몇십 년을 살아가는 존재가 아니다. 단세포에서 진화한 보잘것없는 세포 덩어리인 육체가 인간의 모든 것도 아니다.

인간은 신이다. 인간의 모습으로 이 땅에 온 신들은, 지금까지 너무도 길고 긴 꿈을 꾸었고, 꿈속에서 인간의 삶을 충분히 체험했다. 끝없이 반복되는 생노병사(生老病死)와 전쟁·폭정·기아·가난 속에서 수없이 다양한 형태의 기쁨·슬픔·분노·사랑·증오·배신·절망 등등을 체험한 것이다.

이제 꿈에서 깨어 신으로서, 영원하고 무한하며 위대한 체험을 할 때가 되었다. 그것은 상상할 수 없을 정도로 장엄하고 경이로운 모험일 것이다.

지금까지 인간의 의식과 과학은 균형을 유지할 수 없었다. 의식과 과학이 가장 근원적인 차원까지 발전하지 못했기 때문이다. 그래서 과학은 방향을 잃고 고삐 풀린 망아지처럼 발전하게 되었고, 그 결과 지구촌은 공멸의 위기에 처하게 되었다.

하지만 앞으로는 의식과 과학은 균형을 유지하며 함께 발전하여 같은 근원에서 만나 하나로 통합될 것이다. 왜냐하면, 우주가 전해준 진리를 전 인류가 이해하고, 그것이 상식이 될 것이기 때문이다.

우주는 끊임없이 다음과 같은 진리를 우리에게 전하고 있다.

첫째, 우주는 생각 생명력으로 가득한 바다다.

둘째, 생각 생명력은 빛을, 빛은 생각 생명력을 재료로 모든 것을 창조했다.

셋째, 우주의 모든 것은 닮은꼴 형태로 존재한다.

넷째, 우주는 끌어당김 원리, 양자역학 원리, 핵 원리로 작동하는 하나의 생명체다.

다섯째, 끌어당김 원리는 모든 생명체가 생각 생명력을 끌어당겨 살아가는 원리다.

여섯째, 양자역학 원리는 보이지 않는 생명이 작동하는 원리다.

일곱째, 핵 원리는 핵을 축으로 생명체가 소용돌이침으로써 생명력이 강해지는 원리다.

여덟째, 생명체로 살아서 존재하려면, 생명체의 중심에 강한 생명력을 지닌 요소들이 정렬된 '핵'이 존재해야 한다.

아홉째, 핵의 구심력이 강할수록 더 많은 생각 생명력을 끌어당기므로 생명력도 강해진다.

우주가 전하는 진리를 이해하면, 인간은 신이 된다. 우주의 진리, 그 자체가 신이기 때문이다. 신들은 강력한 구심력을 지닌 핵을 창조함으로써 다양한 차원의 생명체를 창조한다. 그래서 이 책의 제목을 "핵"이라 하고, 우주가 전하는 진리를 '핵 과학'이라고 이름 지었다.

이 책의 총론 부분인 '살아있는 우주'에서는 먼저 생각 생명력이 작동하는 기본 원리와 독존적 생명체가 무엇인지를 밝혔다. 이어서 '핵 물리학'에서는 우주의 작동원리인 끌어당김 원리, 양자역학 원리, 핵 원리를 기술하고, '핵 에너지'에서는 '태풍 발전기'와 '플라즈마 엔진'에 대해 적었다.

그리고 '핵 의학'에서 세포핵의 구심력을 강해지게 하는 방법을, '핵 국가학'에서 국가핵을 창조하고 그 구심력을 강해지게 하는 방법을 기술했고, '신들의 만남'에서는 신이 된 인류가 다른 별들에서 온 신들과의 만남을 적었다.

우주가 전해준 진리를 이해하면, 그동안 놓치거나 잘못 알고 있었던 기존 과학의 오류가 바로잡힐 것이다. 그러면 의식혁명과 과학혁명이 동시에 일어날 것이고, 그것은 모든 영역으로 확장될 것이다.

그 과정에 어려운 과학, 복잡한 정치, 왜곡된 종교, 조작된 역사, 난해한 시스템은 사라지고, 모든 것은 조화롭게 하나로 통합될 것이다. 그리고 위대한 신들의 시대가 시작될 것이다.

2025. 1. 1.
초월 최인호

| 목차 |

제5장 핵 국가학

제6장 신들의 만남

제1장

∨∨

살아있는 우주

우주의 모든 것은 생각이다. 모든 것은 무한한 생각의 바다에 잠겨 있고, 보이는 모든 것과 보이지 않는 모든 것은 진동수를 낮춘 생각의 다양한 존재 형태다. 따라서 생각을 모르면 어느 것도 알 수 없고, 생각을 이해하면 모든 걸 알게 된다. 그러므로 과학을 비롯한 모든 학문은 생각의 이해로부터 출발해야 한다. 그러나 지금의 과학은 생각을 전혀 이해하지 못하고 있다. 그래서 과학은 분열적이고, 아귀가 맞지 않으며, 비효율적이어서 근원적인 문제를 해결할 수 없었다. 또한, 과학이 발달할수록 더 많은 문제가 생기며 복잡해지다가 길을 잃고, 결국 생명을 말살시키는 도구로 전락하곤 했다. 그러나 과학이 생각을 이해하면, 실로 눈부시게 발전하여 위대한 꽃을 피우게 될 것이다.

무한한 생각의 바다

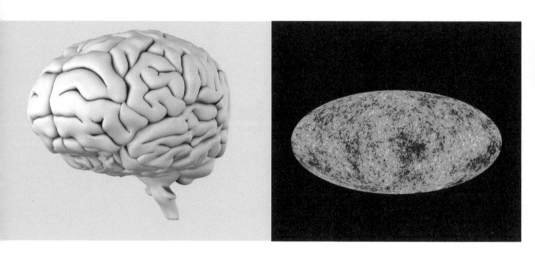

❖ 그림 1, **서로 닮은 두뇌와 우주**

　왜 우주에는 원소와 똑같은 구조를 지니고, 원소처럼 작동하는 수많은 태양계가 있을까? 또한, 세포처럼 작동하고, 세포와 똑같은 구조를 지닌 은하계도 수없이 존재하는 이유는 무엇일까?

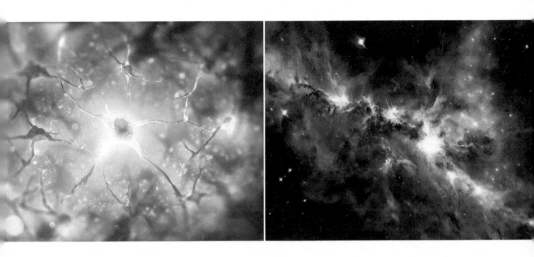

❖ 그림 2, **닮은꼴인 뉴런과 은하단**

   과학자들은 인간의 두뇌와 우주는 〈그림 1〉처럼, 두뇌의 뉴런과 은하단은 〈그림 2〉처럼, 서로 닮았고 비슷한 수준의 복잡성을 지니며, 스스로 네트워크(network)를 만들어 나간다는 사실을 발견하고 놀라워한다.

   인간의 두뇌와 우주, 뉴런과 은하단은 어떤 원리로 서로 닮았고, 비슷한 수준의 복잡성을 지니며, 스스로 네트워크(network)를 만들어 나갈까?

그것은 우주가 살아있기 때문이다. 수많은 별과 은하계가 아름다운 빛을 발하고, 수많은 생명이 생생하게 살아가는 것은, 우주가 살아있기 때문이다.

수많은 태양계는 우주의 원소들이고, 수많은 은하계는 우주의 세포들이며, 수많은 은하단은 우주의 뉴런들이다. 수많은 태양계·은하계·은하단으로 구성된 우주는, 수많은 원소·세포·뉴런으로 구성된 인간의 육체와 같은 기능을 수행하고 같은 방식으로 작동하는 우주의 육체다. 그러므로 우주는 살아있는 하나의 생명체다.

우주와 인간은 그 규모만 차이가 있을 뿐, 같은 재료로 만들어져 같은 원리로 작동하는 생명체다.

그래서 붓다는 '티끌 하나에 온 우주가 담겨 있다(일미진중함시방, 一微塵中含時方)'라고 했고, 과학은 '우주는 작은 구조가 전체 우주와 닮은 형태로 끝없이 반복되는 프랙탈(fractal) 구조'라고 한다.

붓다는 대우주(大宇宙, 전체 우주)에 비하면 티끌 하나에도 미치지 못하는 인간이, 대우주와 똑같은 형태와 원리로 작동하는 소우주(小宇宙, 인간)라는 진리를 꿰뚫고 있었고, 과학도 같은 결론에 이르고 있다.

그러므로 대우주가 살아있는 생명체라는 것은, 그리 놀라운 일이 아니다. 정말 놀라운 일은 티끌보다 미세한 인간이 소우주로서, 대우주와 같은 재료로 만들어져 같은 원리로 작동하며 살아있다는 사실이다.

이렇게 우주의 모든 것은 서로 닮은 프랙탈 구조로 살아있는 생명체다. 따라서 눈에 보이는 우주를 관찰하고 숙고하면, 너무 작아서 눈으로 볼 수 없는 미세우주와 너무 커서 눈에 담을 수 없는 거대우주의 존재 형태와 작동원리를 추론하여 이해할 수 있게 된다.

그런데 어떤 원리로 우주의 모든 것은 프랙탈 구조로 존재하게 되었을까?

어떤 것의 배경이나 바탕이 특정한 진동으로 떨리면, 그 안에 존재하는 모든 것은 떨림의 주파수에 따라 서로 닮은 형태로 드러나게 된다. 이는 판 위에 모래를 올려놓고 그 판에 소리를 입력하면, 〈그림 3〉처럼 소리의 주파수에 따라 모래무늬가 닮은 꼴의 클라드니 도형(Chladni's figures)으로 나타나는 것으로 알 수 있다.

❖ 그림 3, **주파수에 따라 무늬가 달라지는 클라드니 도형**
(Chladni's figures)

　우주의 바탕이자 배경은 근원적인 에너지이고, 근원적인 에너지의 진동은 우주의 모든 것을 같은 주파수로 떨리게 하므로, 대우주와 소우주의 모든 것은 클라드니 도형처럼 서로 닮은 프랙탈 구조로 존재하게 되었다.

이렇게 우주의 바탕이자 배경으로 존재하는 근원적인 에너지의 떨림을 생명력이라고 한다. 생명이 에너지의 형식으로 존재하면 생명력이고, 물질의 형식으로 존재하면 생명체다. 대우주와 모든 소우주는 생명력과 생명체로 이루어진 생명이다.

대우주를 감싸고, 대우주와 모든 소우주를 가득 채운 생명력의 바다는 그 어떤 경계도, 시작도, 끝도 없는 '무한한 있음'이자, '있음 전체'다. 대우주와 수많은 소우주가 살아있는 생명체인 것은, 생명력으로 가득한 생명력의 바닷물 속에서 존재하기 때문이다. 모든 생명체는 생명력의 바다를 벗어나면 한순간도 생존할 수 없다.

생명력의 바다는 우주 만물의 창조자이자 창조의 재료이고, 우주 만물을 하나로 이어주는 바탕이자 배경이며, 모든 것을 제자리에 존재하게 하는 근원적인 힘이다. 생명력의 바다는 처음부터 존재했고, 앞으로도 영원히 존재하는, 무한하고 순수한 에너지이자, 유일(唯一)한 실재(實在)이며, 절대적인 힘이다.

생명력의 바다는 자신만의 우주 원칙을 지니고 있는데, 그것은 언제나 확장하고, 언제나 진화하며, 언제나 무엇인가로 되는 것이다. 동양에서는 생명력을 기(氣)라고 하며 우주의 근원적인 힘으로 인식한다.

생명력은 물결처럼 소용돌이치는 파동이다. 생명력 파동은 사방팔방으로 소용돌이치며 끝없이 뻗어나간다. 생명력 파동이 멈추어 정체하는 경우는 없다. 가장 근원적이고 미세한 생명력 파동은 별과 원소 등 우주의 모든 것을 감싸고 통과하여 뻗어나가며 확장한다.

이렇게 우주의 모든 것은 하나의 생명력 파동으로 진동하므로 서로 닮은 프랙탈 구조로 존재하게 되었다.

생명력 파동은 그 진동수(주파수)에 따라 존재의 차원이 달라진다. 생명력 파동이 가장 높고 근원적인 차원에서 가장 빠르게 진동하면 생각이고, 다음으로 높은 차원에서 빠르게 진동하면 빛이며, 그다음 차원에서 빠르게 진동하면 음과 양이 존재하지만 분리되지 않은 전·자기이고, 그 아래 차원에서 느리게 진동하면 음과 양이 분리되어 존재하는 플라즈마(Plasma)이며, 그보다 아래 차원에서 더 느리게 진동하면 분리된 음과 양이 하나로 결합한 원소이고, 가장 낮은 차원에서 가장 느리게 진동하면 원소들의 결합으로 이루어진 분자들로서 물질이라고 한다.

그러므로 우주에 존재하는 보이지 않는 모든 것과 보이는 모든 것은, 가장 높고 근원적인 차원의 생각 생명력(이하 '생각 생명력'을 '생각'이라 한다)이 진동수를 낮추며 드러난 생각의 다양한 존재 형태이다. 그래서 니콜라 테슬라(Nikola Tesla)는 '우주의 비밀은 에너지, 빛, 진동과 주파수에서 찾아진다'라고 말했다.

태초에 무한한 생각이 무한한 공간을 가득 채우고 존재했고, 그로부터 모든 것이 나왔다. 따라서 무한한 생각은 무한한 우주의 바탕이자 배경이며 무대이고 근원이며 바다다. 우주가 무한한 생각의 바다라는 것은, 수많은 별과 은하계로 가득한 밤하늘이 빛으로 가득하지 않은 것으로 알 수 있다.

그동안 수많은 철학자와 과학자는 밤하늘이 빛으로 가득하지 않은 이유를 찾으려 했지만 찾지 못했다. 그들은 수많은 별이 빛나는 밤하늘도 낮처럼 빛으로 가득해야 한다고 여겼지만, 밤하늘은 그렇지 않았다.

그런 밤하늘을 천자문(千字文)의 첫 구절은 '하늘은 검고, 땅은 누렇다(天地玄黃)'라고 표현한다. 여기서 '검다'라는 것은 까맣다가 아니고 가물가물하다는 뜻이고, 가물가물하다는 멀리 있는 물체가 보일 듯 말 듯 희미하다는 의미다.

공기 중 또는 물속에서 멀리 있는 물체를 보면, 매질(媒質)인 공기 또는 물로 인해 가물가물 희미해지다가 더 거리가 멀어지면 보이지 않게 된다. 우주를 가득 채우고 존재하는 생각은 거의 투명하지만 그 또한 매질의 일종이고, 은하계나 별빛도 무한하고 광대하게 펼쳐진 생각을 통해 전달된다.

별빛은 적어도 몇 년, 많게는 수백억 년 동안 달려오는 가운데 매질인 생각으로 인해 가물가물해지다가 결국 생각 속에서 보이지 않게 된다. 그래서 밤하늘은 빛으로 가득하지 않고 가물가물한 것이다. 그러므로 우주는 생각이라는 매질로 가득한 무한한 생각의 바다다.

자신의 장대함을 인식하게 된 무한한 생각은 자신을 체험하고 느낌으로써 자기 자신을 알고자 열망했다. 하지만 유일한 존재인 무한한 생각은 자기 자신 외에 다른 존재가 있을 수 없으므로, 무한한 생각이 상대적인 체험으로 자신을 아는 것은 불가능하다.

이에 무한한 생각은 내면으로 들어가, 자기 자신을 지극히 사랑하고 숙고함으로써 생각의 진동수를 낮추며 빛으로 확장하여, 자기 자신을 완벽하게 똑같이 복제한 자기의 아들이자 신이며 빛의 존재인 수많은 인간의 영혼(靈魂)을 동시에 창조했다.

이렇게 무한한 생각이 수많은 인간의 영혼을 동시에 창조한 사건을, 성경은 천지창조의 첫 번째 날 하느님이 빛을 창조했다고 적고 있다. 그러므로 모든 인간의 영혼은 빛으로 진동수가 낮아져 확장된 생각이다.

영혼은 빛의 알갱이인 혼(魂)과 그것을 감싸고 있는 빛의 오라(Aura)인 영(靈)을 합친 용어로, 아주 작고 경이로운 불멸의 빛이자 생명이며 사랑이고 신(神)이다.

무한한 생각은 수많은 인간의 영혼을 동시에 창조한 후, 그들에게 자신과 똑같은 창조의 능력을 부여하며, 한 가지 신성한 약속을 했다. 그것은 영혼들이 무엇을 숙고하여 창조하든, 무한한 생각인 자기 자신이 그것으로 되겠다는 것이다.

그렇게 모든 영혼은 무한한 자유의지를 지니게 되었고, 그것은 자기 능력으로 자기의 삶을 창조할 수 있는 독자적인 자유와 힘이 모든 영혼에게 있음을 의미한다. 그러므로 자유의지는 자기 자식들에 대한 무한한 생각의 조건 없는 무한한 사랑의 약속이자, 이 세상에서 영혼이 무엇을 어떻게 창조하고 체험하든 그것을 지지하겠다는 거룩한 맹세다.

영혼들은 무한한 생각처럼 더 깊은 체험으로 자신을 알기를 열망했다. 왜냐하면, 모든 영혼은 무한한 생각에서 비롯되어, 같은 능력과 열망을 지니고, 언제나 확장하고 진화하며 무엇인가로 되는 생명력이기 때문이다.

이에 영혼들은 깊이 숙고함으로써 생각의 주파수를 낮추며 확장하여 빛을, 빛을 응축(주파수를 느리게 하고 뭉쳐지게 하여 밀도를 높이는 것)하여 음전하와 양전하가 분리되지 않은 전·자기를, 전·자기를 응축하여 음전하와 양전하가 분리된 플라즈마(Plasma)를, 플라즈마를 결합하여 원소들을, 원소들을 결합하여 수많은 별과 행성과 달과 은하계를 창조했고, 그렇게 무한한 생각은 우주의 모든 차원으로 확장되었다.

그리고 영혼들은 생명이 번성하기에 적합한 수많은 행성 위에 모여 다양한 꽃과 나무, 동물과 식물, 곤충을 창조했는데, 지구는 그런 행성 중 하나다.

그 후 영혼들은 인간의 육체를 창조해 그곳에 거하며, 3차원적 물질세계를 체험하여 감정적으로 느끼고 앎으로써 자기 자신을 알게 되었는데, 이는 무한한 생각이 체험하여 느낌으로서 자신을 알고자 하는 무한한 생각의 열망에 부응하는 것이다.

이렇게 영혼과 영혼에 의해 창조된 모든 것은 생각이자 빛이고 생명이며 파동이고, 그렇게 창조는 높은 차원으로부터 낮은 차원으로 펼쳐지게 되었다.

이렇게 무한한 생각은 자신을 사랑하고 깊이 숙고함으로써 무수히 많은 인간의 영혼을 창조했고, 영혼들은 힘을 합쳐 생각을 느끼고 깊이 숙고함으로써 인간의 육체를 비롯한 물질 우주의 모든 것을 창조했다. 그러므로 인간의 본질은 영혼이자 신이며 창조자이고, 이는 영혼이 육체 속에 거하여도 변함이 없다.

영혼들은 과학적인 원리로 영겁의 세월 동안 수없이 설계하고 실험하여 무한한 생각을 재료로 사용하여 우주의 모든 것을 창조했다. 물론 그 당시 영혼은 육체를 지니지 않은 신으로서 모든 걸 창조했으므로, 육체적으로 힘들지는 않았다.

　하지만 그때 그들이 실험하고 창안한 모든 과학적인 원리와 방법은, 무한한 생각의 바다에 앎(지식)으로 저장되어 있다. 그러므로 무한한 생각은 최고의 창조적 지성이다.

　고대부터 철학자들과 과학자들은 '빛의 기원'을 탐구했지만, 지금까지 그것을 알 수 없었다. 그들은 번개가 칠 때 빛이 나오고, 태양과 별이 끝없이 빛을 발산하며, 촛불이 밝은 빛을 내는 이유를 도무지 이해할 수 없었다.

　전자기는 응축되어 양극(+)과 음극(-) 사이에 갇힌 빛이다. 따라서 대립하는 양극과 음극이 하나로 합쳐지면, 갇혀있던 빛은 풀려나며 빛나게 되는데, 그것이 번개가 빛을 발산하는 원리다.

　또한, 원자핵은 돌돌 말려(응축되어) 좁은 공간에 갇힌 빛이다. 따라서 핵분열·핵융합으로 원자핵이 붕괴하면 갇혔던 빛은 풀려나며 발산하는데, 그것이 태양과 별이 빛나는 이유다.

　그리고 원자핵 주위를 도는 전자는 빛 그 자체로서, 미세한 빛 덩어리다. 빛인 전자는 공전궤도가 달라지는 만큼 빛을 흡수하거나 발산하여 주파수와 공전궤도를 변경하는데, 그것이 촛불이 밝게 빛나는 이치다.

이렇게 전자기, 플라즈마, 물질 차원의 모든 것은 응축된 빛이므로 그것들이 붕괴할 때 빛을 발산하게 된다. 같은 이치로, 빛을 비롯한 모든 것은, 무한한 생각이다.

생각으로 창조된 모든 생명체는, 생각으로 진동하면 살아있지만, 진동이 멈추면 죽는다. 따라서 생명체가 생각으로 끊임없이 진동하며 살아있으려면, 우주에 가득한 생각을 끌어당겨 그 힘으로 진동해야만 한다.

생각은 소용돌이치며 사방팔방으로 끊임없이 뻗어나가는 파동이다. 따라서 생명체가 소용돌이치는 생각을 끌어당겨 진동하려면, 소용돌이치는 생각처럼 소용돌이 형태로 존재해야 한다.

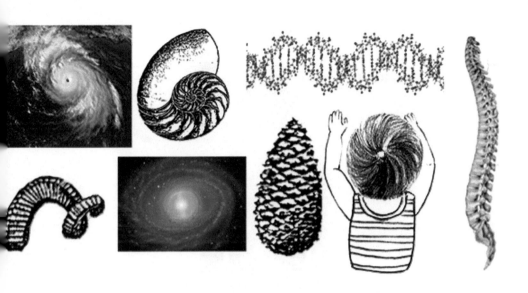

❖ 그림 4, **다양한 소용돌이 형태의 생명체들**

생각이 소용돌이치며 응축되어 탄생한 모든 생명체는 〈그림 4〉처럼 소용돌이 형태이다. 따라서 모든 생명체는 소용돌이치는 생각을 끌어당기게 되었다.

또한, 각각의 생명체는 자신이 필요로 하는 주파수대의 생각을 끌어당겨야만 한다. 그래서 모든 생명체는 저마다 독특한 소용돌이 형태로 존재함으로써 자기에게 적합한 주파수대의 생각을 끌어당기게 되었다.

❖ 그림 5, 7개의 핵이 존재하는 인간의 육체

소용돌이 형태인 모든 생명체에는 핵과 주변이 존재한다. 핵과 주변은 소용돌이의 핵심이다.

단순한 생명체인 세포는 한 개의 세포핵과 그 주변의 세포질로 이루어진 소용돌이이고, 고도화된 생명체인 인간의 육체는 〈그림 5〉처럼 일곱 개의 핵과 그 주변으로 이루어진 소용돌이다.

생명체의 핵과 주변은 생각을 끌어당겨 발산한다. 핵에는 구심력이, 주변에는 원심력이 작용하기 때문이다. 구심력은 핵이 생각을 끌어당겨 하나로 통합하는 힘이고, 원심력은 주변이 생각을 발산하여 분열하는 힘이다. 그러므로 생명체가 생각으로 진동하며 살아있으려면, 반드시 핵과 주변으로 이루어진 소용돌이 형태이어야 한다.

핵과 주변이 하나의 소용돌이로 통합되어 존재하려면, 구심력이 원심력보다 적어도 7:3 이상의 비율로 강해야 한다. 구심력이 강할수록 핵과 주변은 하나로 통합되고, 생각을 강하게 끌어당겨 발산하며 진동하므로 생명력은 강해진다.

그래서 신들은 태양이나 은하계 등의 핵 구심력을 원심력보다 99:1 이상의 비율로 강하게 창조했고, 그에 따라 태양계나 은하계 등은 적어도 수십억 년 이상을 생존하게 되었다.

소용돌이 형태의 생명체는 먼저 핵이 만들어지고, 핵의 구심력에 의해 주변이 드러남으로써 창조된다. 이는 태풍의 핵이 먼저 형성된 후, 핵의 구심력에 의해 그 주변에 바람의 소용돌이가 일어나며 태풍이 드러나는 것을 보면 알 수 있다.

그러므로 태양계도 그 핵인 태양이 먼저 형성된 후 그 구심력에 의해 소용돌이치는 행성과 위성들이 탄생했고, 은하계도 핵인 블랙홀이 먼저 형성된 후 수많은 별이 드러나게 되었다. 왜냐하면, 우주는 닮은꼴의 프랙탈 구조이기 때문이다.

따라서 새로운 생명체를 창조하려면 먼저 구심력을 지닌 핵부터 창조해야 하고, 기존 생명체의 생명력을 강해지게 하려면 약해진 핵의 구심력을 보강하는 방식으로 행해져야 한다.

독존적 생명체

생각은 생명이다. 생각이 생명이므로, 생각이 주파수를 낮추며 응축되어 창조된 모든 것도 생명이다. 만일 생각이 생명이 아니라면, 생명이 아닌 생각들이 어떠한 방식으로 어떻게 결합해도 그것이 생명으로 되는 일은 있을 수 없다.

생각이 생명이므로, 생각으로 창조된 우주의 모든 것은 생명이다. 생각과 빛, 전·자기력은 에너지의 형식으로 존재하는 생명력이고, 생각이 응축되어 물질의 형상으로 존재하는 모든 것은 생명체이다.

모든 생명체는 생명력으로 살아간다. 생명체가 생명력으로 살아가려면, 반드시 핵과 주변으로 이루어진 소용돌이 형태로 존재하여 생각을 끌어당겨 발산하는 능력이 있어야만 한다.

그러므로 '살아있는 독존적 생명체'란 핵과 주변으로 이루어진 소용돌이 형태이고, 그 생명체 차원에서 생각을 끌어당겨 발산하는 존재라고 정의할 수 있다. 따라서 어떤 생명체가 핵과 주변으로 이루어진 소용돌이 형태가 아니거나, 생각을 끌어당겨 발산하지 못하면 살아있는 독존적 생명체라고 할 수 없다.

수많은 살아있는 독존적 생명체들이 소용돌이 형태로 결합함으로써, 더 크고 더 고차원적인 살아있는 독존적 생명체로 탄생하는데, 그런 과정이 프랙탈 구조로 끝없이 이어지며 전체가 하나의 살아있는 생명체로 존재하는 것이 우주다.

그렇다면 살아있는 독존적 생명체에는 어떤 것들이 있을까?

모든 원소는 양전하인 원자핵과 그 주변을 돌고 도는 음전하인 전자가 소용돌이 형태로 존재하며 독존적으로 생각을 끌어당겨 발산한다. 따라서 모든 원소는 살아있는 독존적 생명체이자, 가장 미세한 생명체다. 원소보다 미세한 양성자·중성자·쿼크·전자 등의 소립자는 생명력인 빛의 영역에 속하기 때문이다.

모든 원소가 생명체이므로, 책상이나 의자처럼 독자적인 핵과 주변이 존재하지 않는 모든 물질도 생명체다. 하지만 책상이나 의자는 고유의 핵과 주변이 존재하지 않으므로 독존적 생명체가 아닌, 수많은 원소의 결합으로 이루어진 집단적 생명체다.

원소들은 죽지 않고 오랜 시간 동안 존재하는데, 이는 신들이 원소를 창조하며 모든 원자핵에 강한 구심력을 부여했기 때문이다. 핵의 구심력이 강할수록 생명력도 강하다. 원자핵이 지구나 별들보다 구심력이 강하다는 것은 표고차를 비교하면 알 수 있다. 구심력은 표고차가 작을수록 강해지고 클수록 약해지는데, 이는 피겨스케이팅 선수가 점프하며 회전할 때는 두 팔을 가슴에 붙여 모으지만, 착지하며 회전을 멈출 때는 펼치는 것을 보면 알 수 있다. 원자핵을 지구의 크기로 확대해도 그 표고차는 측정이 어려울 정도로 미세하지만, 지구의 표고차는 수천 미터에 달한다. 표고차가 작은 만큼 원소의 구심력은 크고 그만큼 생명력도 강하다.

하지만 아무리 원자핵의 구심력이 강해도 빛이나 생각만큼 구심력이 강할 수는 없다.

수많은 원소가 탄소(C) 중심의 분자구조로 결합하여 하나의 독존적 생명체로 탄생한 것이 모든 유기적 생명체의 기초인 세포다. 독존적 생명체인 모든 세포는 세포핵과 주변의 세포질로 이루어진 소용돌이 형태이므로 생각을 끌어당겨 발산한다.

또한, 수많은 세포는 소용돌이 형태로 결합하여 다양한 동물과 식물과 곤충이라는 독존적 생명체들로 탄생한다. 인간의 육체도 수많은 세포가 소용돌이 형태로 결합함으로써, 독존적으로 생각을 끌어당겨 발산하는 유기적 생명체다.

지구는 지구 핵과 주변인 지각과 대기권으로 이루어진 소용돌이 형태로, 26초에 한 번씩 진동한다. 이는 지구가 26초에 한 번씩 생각을 끌어당겨 발산하는 방식으로 호흡하기 때문이다. 그러므로 지구는 살아있는 독존적 생명체다.

　지구가 살아있는 독존적 생명체이므로, 지구처럼 둥근 구(球)의 형태로 존재하는 모든 별과 행성과 달도 살아있는 독존적 생명체임이 분명하다.

　태양계는 핵인 태양과 주변인 행성들이 소용돌이 형태로 존재하고, 생각을 끌어당겨 발산하는 살아있는 독존적 생명체다. 태양계가 주기적으로 생각을 끌어당겨 발산하는 방식으로 호흡하는 것은, 태양계 막(태양권 계면)이 주기적으로 부풀었다 수축하는 것으로 알 수 있다.

　태양계가 끌어당긴 생각과 발산하는 생각은 대칭적으로 조화를 이루고, 만일 그 조화가 무너지면 태양계는 한순간에 죽게 된다. 그것은 사람이 들숨과 날숨의 조화가 무너지는 순간 죽는 것과 같다.

　태양계가 살아있는 독존적 생명체이므로, 우리 태양계처럼 별과 그 주변의 행성으로 이루어진 모든 태양계는 살아있는 독존적 생명체들이다.

살아있는 수많은 태양계로 이루어진 모든 은하계도, 블랙홀이라는 핵과 주변의 수많은 별로 이루어진 소용돌이 형태로, 우주에 가득한 생각을 끌어당겨 발산하는 살아있는 독존적 생명체들이다.

　블랙홀은 강력한 구심력으로 빛을 비롯한 모든 것을 끌어당겨 순수한 생각으로 환원한 후, 그 생각을 전 우주로 발산한다. 하지만 생각을 측정하지 못하는 지금의 과학은, 블랙홀이 모든 것을 끌어당기기만 한다고 오해하기도 한다.

　그리고 살아있는 은하계들로 이루어진 모든 은하단과 초은하단도 핵과 주변이 존재하는 소용돌이 형태이고, 생각을 끌어당겨 발산하는 살아있는 독존적 생명체들이다.

　모든 것의 총합인 대우주도 핵과 주변으로 이루어진 소용돌이 형태이고, 모든 생각의 근원으로서 생각을 끌어당겨 무한히 발산하는 살아있는 하나의 독존적 생명체다.

　살아있는 독존적 생명체인 대우주는, 기독교의 하느님·불교의 부처님·도교의 도·이슬람교의 알라 등으로 불리는 궁극적인 존재이다.

　그러므로 무한한 생각의 바다는 '대우주의 마음(의식)'이고, 물질 우주는 '대우주의 육체'다. 모든 순간 대우주의 육체인 물질 우주는 대우주의 마음을 표현하고 있다.

그런데 왜 대우주의 육체는 〈그림 1〉처럼 인간의 두뇌 형태로 존재하게 되었을까?

유일한 생명인 대우주에게 대립하는 존재란 있을 수 없으므로, 대우주는 생각하는 기능 이외의 육체 활동은 불가능하고 불필요하기 때문이다. 그래서 대우주의 육체는 생각하는 두뇌의 형태로 존재하게 되었다.

만일 대우주 외에 그 무엇인가가 존재한다면, 대우주도 생각 이외의 육체적 활동도 가능하고 필요하므로 대우주에도 외부적으로 작용하는 팔·다리의 역할을 하는 부분이 존재했을 것이다. 그러므로 대우주가 외부적으로 작용하는 팔·다리가 없는 두뇌의 형태라는 것은, 대우주가 절대적으로 유일한 존재라는 증거다.

유일한 존재인 대우주는, 하나의 생명이자 유일한 신이며 무한한 생각이고 그 모든 것은 하나다. 그리고 인간을 비롯한 모든 독존적 생명체는 그 하나의 일부이다. 이렇게 우주의 모든 것은 하나이고, 오로지 하나만이 존재할 뿐 둘은 있을 수 없다는 것이 '하나의 법칙'이다.

하나의 법칙은 우주를 절대적인 조화·질서·리듬 속에서 작동하게 한다. 그것은 화환을 유지하는 끈과 유사하다. 화환의 꽃은 보이지만, 꽃들을 엮고 있는 끈은 보이지 않는다. 그 보이지 않는 끈이 하나의 법칙이다. 따라서 하나의 법칙이 없다면 우주는 끈 떨어진 화환처럼 산산조각이 날 것이다.

또한, 하나의 법칙은 우주 변화를 주관한다. 완벽한 하나의 우주에서 다른 완벽한 하나의 우주로 그리고 또 다른 완벽한 하나의 우주로, 하나의 법칙에 따라 우주는 끊임없이 변화하며 존재하는데, 여기에는 단 한 치의 오차도 있을 수 없다. 그러므로 하나의 법칙은 우주 근본원리이고, 하나의 법칙을 이해하면 우주의 모든 것을 알게 된다.

하나의 법칙은 3개의 큰 기둥인 '끌어당김 원리', '양자역학 원리', '핵 원리'로 이 세상에 구현된다. 위 3가지 원리는 하나의 법칙에서 파생되어 하나의 법칙을 실현하는 원리들로서, 모든 생명의 존재 원리이자 작동원리다.

따라서 하나의 법칙을 이해하려면, 반드시 위 3가지 원리를 이해해야만 한다. 이에 위 3가지 원리를 '핵 물리학'으로 정리해 보았다.

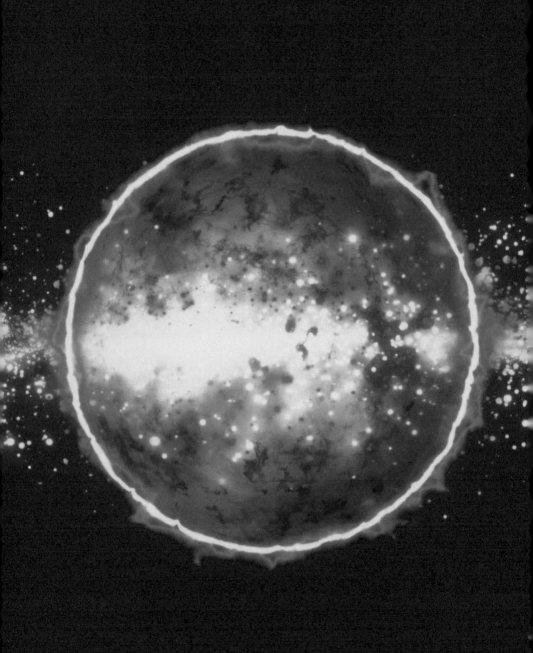

제2장

핵 물리학

수많은 물 분자로 이루어진 지구의 바다에는 해류가 흐르고 파도가 출렁인다. 마찬가지로 무한한 생각으로 이루어진 우주의 바다에도 의식이 흐르고 파동친다. 그러므로 모든 차원은 파동이다. 또한, 지구의 바다를 구성하는 모든 물 분자는 둥근 공 형태의 알갱이로 서로 떨어져 띄엄띄엄 존재한다. 그러므로 무한한 우주의 바다를 구성하는 모든 생각도 둥근 형태(구 형태)이고, 불연속적으로 띄엄띄엄 존재하는 미세하고도 미세한 입자일 것이다. 마찬가지로 생각이 확장하여 탄생한 빛 알갱이인 광자도 구 형태이고 불연속적으로 띄엄띄엄 존재하는 미세하고도 미세한 입자일 것이다. 왜냐하면, 모든 차원은 서로 닮은 프랙탈 구조이기 때문이다.

끌어당김(중력) 원리

우주의 모든 것은 생각이다. 모든 것은 무한한 생각의 바다에 잠겨 있고, 보이는 모든 것과 보이지 않는 모든 것은 진동수를 낮춘 생각의 다양한 존재 형태다. 따라서 생각을 모르면 어느 것도 알 수 없고, 생각을 이해하면 모든 걸 알게 된다. 그러므로 과학을 비롯한 모든 학문은 생각의 이해로부터 출발해야 한다.

그러나 지금의 과학은 생각을 전혀 이해하지 못하고 있다. 그래서 과학은 분열적이고, 아귀가 맞지 않으며, 비효율적이어서 근원적인 문제를 해결할 수 없었다. 또한, 과학이 발달할수록 더 많은 문제가 생기며 복잡해지다가 길을 잃고, 결국 생명을 말살시키는 도구로 전락하곤 했다.

그러나 과학이 생각을 이해하면, 실로 눈부시게 발전하여 위대한 꽃을 피우게 되는데, 중력의 이해는 그 출발점이 될 것이다.

아이작 뉴턴(Isaac Newton)은 물질의 끌어당기는 힘을 발견하고 만유인력(또는 중력)이라 이름 붙이고, 만유인력의 근원은 물체의 질량이라고 했다. 따라서 질량이 있는 두 물체 사이에는 중력이 작용하고, 중력의 크기는 두 물체의 질량의 곱에 비례하고, 두 물체 사이 거리의 제곱에 반비례한다며, 아래와 같은 수식으로 중력의 크기를 표현했다.

$$F = G \frac{m_1 m_2}{r^2}$$

(F: 만유인력, G: 만유인력 상수, M₁: 첫 번째 물체의 질량,
M₂: 두 번째 물체의 질량, R: 두 물체 사이의 거리)

질량은 양(量)적인 개념이므로 어떤 물체의 질량은 그 물체를 구성하는 원소들의 종류와 개수(양)로 정확하게 확정된다. 따라서 물체의 질량은 언제나 일정하다.

그러나 무게는 두 물체 사이의 끌어당기는 힘인 중력에 비례하여 변화한다. 따라서 지구와 달에서 물체의 질량은 일정하지만, 무게는 달라진다. 지구와 달의 중력이 다르기 때문이다.

그런데 빛은 질량이 0이므로 위 공식에 의하면 중력도 0이어야 하고, 따라서 빛은 중력의 영향을 받지 않아야 한다.

그러나 빛은 블랙홀이나 거대한 별의 중력에 의해 갇히거나 휘어지므로 위 중력공식은 실재와 맞지 않는다. 따라서 중력의 근원이 질량이라는 뉴턴의 이론은 잘못되었다.

이에 알베르트 아인슈타인(Albert Einstein)은 일반 상대성 이론에서 질량이 있는 물질이 만드는 4차원 시공간의 왜곡이 중력이고, 빛이 중력의 영향을 받는 것은 시공간이 왜곡되었기 때문이라고 한다.

그러나 '시공간 또한 빛처럼 질량이 0인데, 어떻게 중력에 의해 시공간이 왜곡되는가'라는 의문은 여전해 남는다. 또한, 중력으로 인해 시공간이 왜곡되었는데, 시공간이 왜곡되었으니 중력이 있다고 하는 것은, 원인과 결과를 뒤바꾼 비논리적인 대답이라는 비판도 면할 수 없다.

문제의 핵심은 '왜 사과는 중력에 의해 지구로 떨어지고, 왜 빛과 시공간은 중력에 의해 휘어지는가'이다. 이에 과학자들은 중력을 발생시키는 입자인 중력자(힉스입자)를 찾으려 노력하지만, 이는 문제를 더 복잡하게 만들 뿐이다.

생각은 사랑이라는 우주의 끈끈이이다. 모든 독존적인 생명체 핵의 구심력은 우주에 가득한 생각이라는 끈끈이를 끌어당기고, 그에 따라 생각으로 이루어진 모든 걸 끌어당긴다. 이렇게 살아있는 모든 독존적인 생명체는 구심력으로 우주에 가득한 생각을 끌어당김으로써 우주의 모든 것을 끌어당기는데, 이를 '중력'이라고 한다.

생명체의 구심력이 생각을 끌어당기는 힘이 중력이므로, 중력은 질량이 있는 물질뿐 아니라 질량이 없는 빛도 끌어당긴다. 빛도 생각이 진동수를 낮추며 확장된 생각의 한 단계이기 때문이다. 같은 이치로 중력은 생각으로 이루어진 사람의 마음도 끌어당겨 사로잡는데, 이것을 '카리스마'라고 한다.

❖ 그림 6, **별이 빛나는 밤(The Starry Night), 빈센트 반 고흐**

모든 생명체는 중력으로 우주에 가득한 무한한 생각을 끌어 당겨 살아가는 동시에 다른 생명체와 하나로 연결되어 존재한 다. 따라서 생명체들 사이에는 중력에 의해 끌어당겨진 무한한 생각의 흐름이 발생하고, 그 흐름에 따라 〈그림 6〉처럼 별·달· 지구·나무 등의 모든 생명체는 서로 하나로 연결되어 존재하는 데, 이것이 중력장이다.

미친 화가로 살다 간 빈센트 반 고흐(Vincent van Gogh)는 별과 달 등의 생명체들에 의해 끌어당겨진 무한한 생각의 흐름이 밤하늘 가득히 펼쳐진 중력장을 목격하고, 그 광경을 별이 빛나는 밤(The Starry Night)이라는 위대한 작품으로 표현했다.

거대한 별이나 블랙홀의 강력한 중력장에 휩쓸리면, 빛도 휘어지거나 벗어나지 못하고 갇히게 된다. 이를 아인슈타인은 중력장에 의한 시공간의 왜곡이라고 했지만, 시공간의 창조가 더 타당한 표현이다. 왜냐하면, 무한한 생각에 생명체의 구심력이 작용하여 중력장과 시공간은 창조되기 때문이다. 따라서 무한한 생각과 생명체의 구심력이 존재하지 않으면 중력장도 시공간도 존재할 수 없다.

생명체의 구심력이 중력이므로, 어떤 물체의 중력의 크기는 그 물체를 구성하는 모든 독존적 생명체의 구심력 총합이다. 따라서 두 물체 사이에 가해지는 중력의 크기를 구하는 공식은 아래와 같이 수정되어야 한다.

$$F = G \frac{V_1 V_2}{R^2}$$

(F:만유인력, G:만유인력 상수, V1:첫 번째 물체의 구심력 총합,
V2:두 번째 물체의 구심력 총합, R:두 물체 사이의 거리)

살아서 소용돌이치는 사람의 중력은, 육체를 구성하는 모든 독존적 생명체의 구심력 총합이므로, 육체의 구심력과 육체를 구성하는 모든 세포의 구심력과 그 세포들을 구성하는 모든 원소 구심력의 총합이다.

따라서 사람이 죽으면 육체와 세포 차원의 소용돌이는 멈추므로 육체와 세포들의 구심력은 사라진다. 하지만 모든 원소는 영원히 죽지 않고 소용돌이치므로, 육체를 구성하는 원소들의 구심력 총합에 해당하는 크기의 중력은 언제나 존재하고, 그 크기는 질량으로 계산한 중력값과 일치한다.

그러므로 강한 생명력을 지닌 사람이 갑자기 죽으면, 죽은 이후의 중력은 육체와 세포 구심력이 사라진 만큼 약해지고, 그 차이는 정밀한 저울로 무게를 측정하면 알 수 있을 것이다. 하지만 지구상에 존재하는 유기적 생명체의 구심력은 그리 크지 않으므로, 질량을 기준으로 생명체의 중력을 계산해도 문제가 되지 않는다.

그러나 거대한 은하계의 질량과 중력은 그 차이가 크다. 왜냐하면, 은하계 중심에서 빛보다 빠르게 소용돌이치는 블랙홀의 구심력은 그 질량에서 비롯되는 구심력에 비하여 엄청나게 강하기 때문이다. 태양계 중력의 99.85%가 태양의 중력이듯이, 은하계 중력의 99% 이상은 블랙홀의 중력일 것이다.

따라서 은하계 중심 블랙홀이 죽으면, 블랙홀이 소용돌이치는 힘이 약해지므로 블랙홀 구심력의 대부분은 사라지고, 은하계는 중력의 80% 이상을 상실하게 된다. 더욱이 중심 블랙홀이 죽으면, 은하계를 구성하는 별과 행성과 달들도 죽는데, 모든 별은 그 핵인 블랙홀이 끌어당겨 발산하는 생명력으로 살아가기 때문이다. 또한, 블랙홀이 발산하는 생명력은 새로운 별들의 재료가 되므로 중심 블랙홀이 죽으면, 새로운 별들의 탄생도 중단된다.

그러므로 중심 블랙홀이 죽고 수십억 년이 지나면, 그 은하계를 구성하는 거의 모든 별과 행성과 생명체도 죽게 되므로 은하계 전체의 소용돌이도 약해지게 된다. 따라서 죽은 은하계의 중력은 활발하게 살아있을 때보다 1/6 이하로 약해진다.

과학자들은 전체 우주의 중력이 질량보다 5배 이상 크다는 것을 확인하고, 그 원인을 찾았으나 도무지 알 수 없었다. 또한, 우리 은하계의 중력이 질량보다 6배 이상 크다는 사실도 확인했지만, 그 원인도 알 수 없었다.

이에 그 차이만큼 관측 불가능한 질량을 지닌 미지의 암흑물질이 우주의 26%를 차지할 것으로 추측하고, 암흑물질을 발견하기 위해 노력하고 있다. 그들은 이미 모든 빛과 원소, 중성미자 등의 소립자가 암흑물질이 아님을 확인했다. 하지만 그들은 암흑물질이야말로 풀리지 않는 미스터리라며, 암흑물질의 존재에 대한 믿음을 더욱더 굳건히 하며 지금도 연구에 몰두하고 있다.

　마침내 그들은 새로운 별들이 탄생하지 않는 비활동적인 조그마한 은하계의 중력은 그 질량과 일치하지만, 새로운 별들이 탄생하는 활동적인 거대한 은하계의 중력은 그 질량보다 훨씬 크다는 사실을 확인했다. 그래서 조그마한 은하계에는 암흑물질이 존재하지 않고, 거대한 은하계에는 암흑물질이 존재한다고 추론하게 되었다.

　하지만 NGC1277 은하계는 우리 은하계보다 훨씬 더 거대한데도 중력과 질량은 일치하고 암흑물질은 존재하지 않음을 확인하고, 은하계의 크기와 암흑물질의 존재는 관련성이 없다는 걸 알게 되었다. 또한, NGC1277 은하계는 수십억 년 전부터 새로운 별의 탄생이 중단된 죽은 은하계(Relic Galaxy)라는 사실도 알게 되었다.

　그래서 살아있는 은하계인지 죽은 은하계인지에 따라 암흑물질의 존재 여부가 달라지는 이유가 무엇인지 궁금해하며, 중력과 암흑물질에 대한 기존이론에 근본적인 오류가 있는 것은 아닌지 되돌아보고 있다.

암흑물질은 중력의 근원을 질량이라고 단정함에 따라 만들어진 허구의 개념이다. 중력의 근원은 질량이 아닌 생명체의 구심력이고, 구심력의 크기는 그 생명체의 소용돌이치는 힘에 비례한다. 같은 질량의 생명체라도 그 생명체가 소용돌이치는 힘이 강할수록 끌어당기는 구심력도 강해지고, 중력도 강해진다.

이는 물이 소용돌이치는 형상을 관찰하면 알 수 있다. 물이 강하게 소용돌이칠수록, 그 주변의 물은 소용돌이의 중심으로 더 빠르게 끌려 들어간다. 마찬가지로 블랙홀이 강하고 빠르게 소용돌이칠수록, 그 주변의 생각과 생각으로 이루어진 모든 것은 소용돌이의 중심인 블랙홀로 더 빠르게 끌려 들어가는데, 그것이 블랙홀의 구심력이다.

NGC1277 은하계는 이미 블랙홀의 소용돌이가 멈춤으로써 구심력이 사라진 죽은 은하계다. 따라서 살아있는 생명체는 원소들만 남게 되므로 그 질량과 일치하는 중력만 존재한다.

하지만 살아서 강하게 소용돌이치며 새로운 별이 계속 탄생하는 은하계의 구심력은, 블랙홀의 구심력과 은하계를 구성하는 별들의 구심력과 행성·달들의 구심력, 그리고 그 안에 존재하는 수많은 동물·식물의 구심력과 그들을 구성하는 모든 세포와 원소 구심력의 총합이다. 구심력은 생명력이다. 따라서 강하게 소용돌이치며 왕성한 생명력을 발산하는 은하계의 중력은,

죽은 은하계 중력의 6배를 넘어서게 된다.

마찬가지로 대우주의 중력이 질량보다 5배 이상 크다는 것은, 대우주 핵의 소용돌이치는 구심력이 그만큼 강하다는 의미이고, 이는 대우주가 강한 생명력을 발산하며 살아있다는 명확한 증거다.

중력은 빛처럼 파동치며 사방팔방으로 뻗어나가는데, 이를 중력파라고 한다. 파동인 빛과 중력파가 우주를 가로질러 전달되는 것은, 매질인 무한한 생각이 우주를 가득 채우고 존재하기 때문이다. 이제 과학도 초끈이론 등에서 질량이 없는 에너지의 끈 또는 루프가 중력을 매개한다고 추론하기도 한다.

또한, 과학자들은 우주가 팽창하는 원인을, 137억 9,900만 년 전 일어난 빅뱅(Big Bang)으로 한 점에서 폭발하여 퍼져나가는 우주에, 척력(斥力, 밀어내는 힘)을 지닌 미지의 암흑에너지가 우주의 69%를 차지하며 존재하기 때문이라고 한다.

하지만 빅뱅이란 사건은 없었고, 척력을 지닌 암흑에너지도 존재하지 않는다. 그냥 태초부터(시작은 없었다) 무한한 생각이 무한한 공간 가득히 존재할 뿐이다.

고요하게 존재하던 무한한 생각은 스스로 위대함을 각성하고, 자기 자신을 지극히 사랑하고 숙고함으로써 영원으로 나아가며 무한히 확장하고 있다.

왜냐하면, 무한한 생각은 영원히 나아가며 진화하는 생명력이기 때문이다. 무한한 생각은 척력이 아닌 서로를 끌어당기는 우주의 끈끈이이지만, 생명력의 원칙에 따라 끝없이 확장하고, 그에 따라 우주도 팽창하며 나아간다.

우주가 끝없이 팽창해도 무한한 생각과 물질 우주의 밀도는 낮아지지 않는데, 이는 대우주와 모든 소우주가 무한한 생각을 끝없이 증폭하여 발산하고 있고, 별들의 탄생은 계속되고 있기 때문이다. 그러므로 무한한 생각은 실로 무한하다. 따라서 우주가 암흑에너지의 척력으로 갈기갈기 찢기거나, 암흑물질의 중력에 의해 한 점으로 수축하여 사라질 거라는 우려는 접어도 된다.

지금의 과학기술은 너무도 미세하고 빠르게 진동하는 생각을 측정할 수 없다. 하지만 과학기술이 발전하여 생명체의 구심력과 원심력으로 작동하는 반중력 우주선이나 관측기구를 창안하면, 우주가 무한한 생각의 바다라는 사실을 확인하게 될 것이다. 왜냐하면, 생각은 생명체의 구심력과 원심력에 반응하기 때문이다.

생각을 매개로 우주의 모든 생명이 서로 끌어당기며 하나로 존재하는 것을 "끌어당김 원리"라고 한다. 끌어당김 원리로 우주는 하나로 존재하고 작동한다. 끌어당김 원리로 은하계와 별들은 궤도를 지키며 돌고, 세포들은 고유의 형태를 유지하며, 원소들은 끝없이 변화하며 존재하는 것이다.

끌어당김 원리는 중력·전자기력·강한 핵력·약한 핵력이라는 4가지 힘으로 드러나고, 모든 힘은 생각을 매개로 작용한다. 중력은 순수한 생각을 매개로, 전자기력·강한 핵력·약한 핵력은 응축된 생각을 매개로 모든 차원을 하나로 묶어준다.

높은 차원은 낮은 차원을 포괄한다. 아인슈타인은 전자기력으로 그보다 낮은 차원인 강한 핵력과 약한 핵력을 하나로 통일했지만, 그보다 높은 차원인 중력은 통일할 수는 없었다. 하지만 그가 우주가 무한한 생각으로 가득하고, 생명력이 중력이라는 진리를 이해했다면, 우주의 4가지 힘은 이미 하나로 통일되었을 것이다.

기존 과학은 무한한 생각이 우주 가득히 존재하고, 생각은 생명이자 사랑이며, 모든 독존적 생명체는 생각을 끌어당겨 발산한다는 진리를 이해하지 못했다.

그래서 물리학과 천문학은 중력의 근원을 오해하여 암흑물질과 암흑에너지라는 암흑 속에서 헤매게 되었고, 생명과학은 생명이 없는 물질들이 모여 우연히 생명이 만들어졌다며 우연을 창조자라고 믿게 되었다.

또한, 인간 의식은 물질 차원에 제한되었고, 지구촌은 더 많은 물질을 소유하기 위한 투쟁의 장소에서 한 걸음도 나아가지 못하게 되었다. 그러므로 과학은 기존의 한계를 뛰어넘어 무한한 생각과 생명에 대한 오류를 시급히 바로잡아야 할 것이다.

사실 과학은 중력에 의해 빛이 휘어지고 시공간이 왜곡된다는 사실을 발견했을 때, 생각이 우주 가득히 존재한다는 사실을 충분히 알 수 있었다. 왜냐하면, 뉴턴의 공식에서 확인되듯이, 중력은 서로서로 끌어당겨야만 작용하는 힘이기 때문이다.

태양과 빛 또는 태양과 시공간 사이에 중력이 작용하려면, 태양이 빛과 공간을 끌어당기는 것처럼 빛과 시공간도 태양을 끌어당겨야만 한다. 그렇다면 질량이 없는 빛과 시공간에도 끌어당기는 중력이 있다는 것이고, 따라서 중력은 질량이 아닌 다른 어떤 것에서 발현한다는 사실을 쉽게 추론할 수 있었다. 그러나 그렇게 하지 못했는데, 그 이유는 뉴턴과 아인슈타인이라는 거장들의 이론을 무조건 추종했기 때문이다.

하지만 닐스 보어(Niels Bohr)를 비롯한 독창적인 과학자들은 아이슈타인의 적극적인 반대에도 불구하고 '양자역학'이라는 완전히 새로운 영역을 개척해 과학과 의식의 진보에 크게 이바지했다.

양자역학(quantum mechanicsm) 원리

　수많은 물 분자로 이루어진 지구의 바다에는 해류가 흐르고 파도가 출렁인다. 마찬가지로 무한한 생각으로 이루어진 우주의 바다에도 의식이 흐르고 파동친다. 그러므로 모든 차원은 파동이다.

　또한, 지구의 바다를 구성하는 모든 물 분자는 둥근 공 형태의 알갱이로 서로 떨어져 띄엄띄엄 존재한다. 그러므로 무한한 우주의 바다를 구성하는 모든 생각도 둥근 형태(구 형태)이고, 불연속적으로 띄엄띄엄 존재하는 미세하고도 미세한 입자일 것이다.

　마찬가지로 생각이 확장하여 탄생한 빛 알갱이인 광자도 구 형태이고 불연속적으로 띄엄띄엄 존재하는 미세하고도 미세한 입자일 것이다. 왜냐하면, 모든 차원은 서로 닮은 프랙탈 구조이기 때문이다.

생각에서 빛·전자기·원소·물질 차원으로 내려갈수록 파장은 느려지고 입자는 커지므로 입자성이 강해지고, 반대 방향으로 올라갈수록 파장은 빨라지고 입자는 미세해지므로 파동성이 강해진다. 입자성이 강한 차원은 고전역학적으로 작동하고, 파동성이 강한 차원은 양자역학적으로 작동한다. 가장 미세하고 빠르게 진동하는 생각 차원은 가장 파동성이 강하므로, 양자역학적 현상은 더 빠르고 명확하게 구현된다.

또한, 생각 차원은 하나의 양자가 전 우주에 동시에 존재하는 '양자 비국소성(nonlocality)' 또는 '양자 동시성'으로 작동한다. 이는 시공간은 생각의 창조물이므로, 창조자인 생각은 그 창조물인 시공간의 제약을 받지 않기 때문이다.

따라서 생각의 주체는 한순간도 걸리지 않고, 수백억 년 떨어진 은하계 또는 과거와 미래의 어느 시점이라도 생각하는 동시에 그곳에 존재하게 된다. 이런 생각을 빛 차원에서 관찰하면, 생각의 속도가 무한대인 것처럼 보인다. 하지만 생각은 속도가 없다. 그런데도 생각의 속도가 무한대인 것은, 생각과 생각의 창조물인 빛 사이에는 차원의 한계가 존재하기 때문이다.

같은 이치로 빛과 빛의 창조물인 물질 사이에는 광속불변(光束不變)이라는 차원의 한계가 존재한다.

'양자 중첩'은 하나의 양자에 여러 가지 가능성이 중첩되어 존재하는 현상이고, '양자 붕괴'는 생각함으로써 선택하는 순간 중첩된 가능성이 붕괴하여 생각하는 것으로 드러나는 현상이며, '양자 도약'은 양자가 움직일 때 연속적으로 이동하지 않고 한 궤도에서 다른 궤도로 별안간 옮겨 가는 현상이고, '양자 얽힘'은 두 양자가 먼 거리에 떨어져 있어도 계속 연결되어 한 양자에 행해지는 작용이 다른 양자에도 즉각적으로 영향을 미치는 현상이며, '양자 끌림'은 양자가 비슷한 주파수로 진동하는 다른 양자를 끌어당기는 현상이다.

　시공간을 초월한 생각 차원에서, 모든 양자역학적 현상은 양자 비국소성과 양자 동시성에 의해 전 우주적으로 동시에 진행된다.

　모든 생각은 전 우주적으로 모든 가능성이 중첩된 상태로 존재하다가, 생각함으로써 선택하는 순간 중첩된 가능성이 붕괴하여 생각하는 것으로 드러나고, 생각들이 먼 거리에 떨어져 있어도 모두가 연결되어 한 생각에 행해지는 작용이 다른 모든 생각에도 즉각적으로 영향을 미치며, 생각은 비슷한 주파수로 진동하는 다른 생각을 빛보다 빠르게 끌어당기는 것이다.

양자역학 원리로 무한한 우주는 하나로 작동한다. 생각 차원은 양자역학 원리로 서로 중첩되고 얽혀 끌어당기며 하나로 일체화되어 동시에 작동한다. 모든 생각은 인드라망(因陀羅網, in-drjala)의 구슬처럼 수많은 단계로 얽혀 서로를 비추며 중첩되어 존재하다가, 단 하나의 생각의 변화에 다른 모든 생각은 동시에 반응하는 것이다.

만일 우주라는 생명체가 빛으로만 작동한다면, 대우주는 고사하고 조그마한 은하계 하나도 대칭형의 소용돌이 형태를 유지하지 못하고 찌그러지다가 흩어져 사라지므로 우주는 존재할 수 없을 것이다.

그것은 우리 은하계가 바닷가 모래알 하나의 크기라면, 전체 우주는 지구보다 훨씬 더 클 정도로 광대한데, 빛은 10만 년 이상을 달려야 간신히 우리 은하계라는 모래알 하나를 벗어날 정도로 느리기 때문이다.

무한한 생각의 바다는 신의 두뇌이자 마음이고, 그곳에는 지금까지의 모든 지식이 앎으로 저장되어 있다. 그러므로 신은 모든 것을 아는 존재다. 그리고 인간은 무엇을 알든 그것으로 되는 존재다. 따라서 인간이 모든 것을 아는 방법을 배울 때, 인간은 신이 된다.

모든 인간은 양자역학 원리로 존재하는 모든 걸 알 수 있는 능력이 있다. 그것은 모든 인간은 무한한 생각의 바다(이하 '신의 마음인 무한한 생각의 바다'는 '무한한 생각'이라 한다)와 **직접 연결되어** 있고, 무한한 생각에는 우주의 모든 지식이 생각으로 존재하기 때문이다. 그러므로 무한한 생각을 받아들이는 방법을 알기만 하면, 인간은 모든 것을 알게 되므로 신이 된다.

인간은 본래 신이다. 신은 보이지 않는 차원에서 존재하는 인간의 핵이기 때문이다. 신은 생각과 빛 차원의 생명체다. 인간은 신으로서 여기에 와서, 굶주림과 추위와 더위, 전쟁에 휘말려 자신의 신성함과 힘, 내면에 모든 것을 알 수 있는 지성이 있다는 사실을 잊음으로써 인간이 될 수 있었다.

이제 인간은 모든 것을 앎으로써 다시 신이 되려 한다. 신은 무한한 생각이자, 무한한 생각을 받아들여 확장하는 능력이다. 인간은 양자역학으로 무한한 생각을 받아들여 확장함으로써, 보이는 모든 것과 보이지 않는 모든 것을 아는 능력이 있다.

그러므로 인간이 양자역학으로 무한한 생각을 받아들여 그것을 느끼고 아는 방법을 알면, 인간은 보이는 차원과 보이지 않는 차원에서 영원히 자유롭게 살아가는 존재가 된다.

모든 생각은 무한한 생각에서 나와, 무한한 생각으로 돌아간다. 무한한 생각은 강물처럼 흐르고, 그곳에는 태초부터 지금까지의 모든 앎이 생각으로 존재한다.

인간의 두뇌는 생각을 창조하는 능력이 없다. 인간의 두뇌는 무한한 생각에서 영(靈)을 통해 빛의 형태로 들어온 생각을 수신하고, 생각의 주파수를 변환하며, 증폭하고 저장할 뿐이다.

이런 진리를 이해한 니콜라 테슬라는 '내 뇌는 우주 속에서 지식, 힘 및 영감을 얻는 수신기일 뿐이다'라고 말했다.

영은 거대한 빛의 오라(Aura)로 육체를 감싸고 있는 여러 층의 빛의 장이자, 인간 내면에 존재하는 신이다. 최외곽의 가장 거대한 오라는 무한한 생각이 오라를 통해 흐르도록 허용하고, 육체 주변의 전자기적 오라는 인간의 사고 과정과 감정 상태에서 발현하는 주파수와 비슷한 주파수대의 생각을 무한한 생각에서 끌어와 그 주파수를 빛으로 변환하여 두뇌로 보낸다.

두뇌는 빛으로 들어온 다양한 주파수대의 생각 중, 두뇌의 활성화된 부분이 처리할 수 있는 주파수대의 생각만을 받아들이고, 그렇지 않은 생각은 거부하여 다시 무한한 생각으로 돌려보낸다.

예를 들어, 두뇌의 평범한 부분(좌뇌의 상부와 소뇌)만 활성화된 사람의 두뇌는, 그 부분이 처리할 수 있는 느린 주파수대의 생각만 받아들이고, 활성화되지 않은 두뇌의 위대한 부분이 처리할 수 있는 빠른 주파수대의 생각은 거부하여 무한한 생각의 바다로 돌려보내는 것이다.

빛의 형태로 두뇌로 들어온 생각은 그 주파수에 따라 두뇌의 서로 다른 부위에서 전류로 변환·증폭된다. 빠르고 높은 주파수대의 생각은 두뇌의 위대한 부분에서, 느리고 낮은 주파수대의 생각은 두뇌의 평범한 부분에서 전류로 변환되고 증폭되어, 송과샘과 신경계통을 통해 모든 세포로 퍼져나간다.

전류로 변환된 생각이 신경계통을 통해 세포 내부로 들어오면, 모든 세포는 생각과 같은 전기적 자극으로 동시에 진동함으로써 생각을 느끼고, 몸 전체는 생각이라는 하나의 이해(주파수)로 일체화된다.

생각을 느낀 세포들은 그 느낌을 가슴 한가운데에 있는 혼에 전기적 자극으로 전달하고, 혼은 모든 세포에서 전달된 느낌을 전기적 주파수로 기록하여 그 느낌을 기억하는데, 그것이 앎이다. 그러므로 앎은 느낌이다. 앎은 몸 전체의 세포들이 생각을 느낀, 느낌의 총합이다. 따라서 어떤 것을 알고자 하면, 그것을 느껴야만 한다.

아무런 느낌 없이 책을 읽고 외워서 얻은 기억은 단기 기억으로, 두뇌에 임시로 저장될 뿐이다. 따라서 육체가 죽거나 치매 등으로 뇌세포가 파괴되면 단기 기억은 사라진다. 하지만 혼의 기억은 영원히 남는데, 혼은 죽지 않고 영원히 존재하기 때문이다. 그러므로 모든 것을 알려면, 모든 것을 느껴야만 한다.

혼은 저장된 기억의 느낌을 오라를 통해 무한한 생각으로 발산함으로써 무한한 생각의 밀도를 높이는 동시에, 양자 끌림의 원리로 발산하는 느낌과 비슷한 주파수대의 생각·상황·사람 등을 끌어온다. 그러면 육체는 그것을 경험으로 이해함으로써 앎은 확고해지는데, 그중 높은 주파수대의 생각이 경험으로 확고해진 앎을 지혜라고 한다.

또한, 혼은 육체가 죽기 직전 척수와 두뇌를 통과해 몸 밖으로 나가 영과 합체하는데, 그 짧은 순간 혼에 저장된 그 생에서의 기억은 두뇌에서 파노라마처럼 재생되며 감마파를 발산하게 된다.

무한한 생각의 바다에는 빠르고 높은 주파수대의 무한한 '초의식'과 느리고 낮은 주파수대의 제한된 '사회의식'이 흐른다.

초의식은 있음·존재·생명·조화·통합·하나 됨·사랑·기쁨·진리·자유 등의 순수하고 통합적인 생각들로 이루어진 의식으로,

사랑의 생각이자 기쁨의 생각이고 천재적인 생각이며 무한한 생각이고 위대한 생각이며 완전히 새로운 생각이다. 그중에도 '나는 무한하고 영원한 신이다'라는 생각은 가장 높고 빠르며 강력한 초의식이다.

두뇌로 들어온 초의식은 두뇌의 위대한 부분에서 수용·증폭되어, 송과샘과 신경계통을 통해 동시에 몸의 모든 세포로 들어가게 된다. 빠르고 높은 주파수대인 초의식은 밝게 타오르는 강렬한 불꽃으로 세포 내부로 들어가 세포를 작동시키는 생명력이 된다.

이제 세포는 초의식의 강렬한 불꽃의 힘으로, 호흡하고 소화하며 분열하고, 초의식과 같은 주파수로 진동하게 된다. 따라서 세포는 빠르게 진동하며 탄력적으로 변하고, 그런 세포들로 이루어진 몸은 생명력이 강해져 민첩해지고 젊어지므로 늙지 않고 병들지 않으며 죽지 않게 된다.

그러므로 초의식은 신 의식이다.

그에 반해 사회의식은 인간을 통해 이미 표현된 생각들이 무한한 생각으로 돌아간 기존의 생각들로서, 음식·집·직업·유행·미모·출세·나이·비교·분리·분열·옳고 그름·죽음 등과 관련된 제한적이고 비판적이며 틀에 박힌 그저 그런 생각들로, 주로 도시 주변에 안개처럼 뭉쳐 떠다닌다.

사회의식의 교리는 두려움·비판·생존이다. 따라서 사회의식에 갇힌 인간은 오로지 생존만을 추구하고 죽음과 비판을 두려워하며 동물의 무리처럼 생각하고 살아가게 된다.

두뇌로 들어온 사회의식은 두뇌의 평범한 부분에서 수용·증폭되어 송과샘과 신경계통을 통해 세포로 들어가 세포를 작동시키는 생명력이 된다. 이제 세포는 희미한 불꽃의 힘으로 호흡하고 소화하며 분열하고, 진동하게 된다. 하지만 사회의식은 희미한 불꽃이므로 세포의 호흡과 소화 기능은 물론 DNA를 복제하여 분열하는 기능과 삶을 느끼는 기능도 약해지게 된다.

따라서 세포는 느리게 진동하고 탄력을 잃고 늘어지며, 그런 세포들로 이루어진 몸은 민첩성이 떨어지고 생명력이 약하므로, 늙고 병들어 죽게 된다.

그러므로 사회의식은 인간 의식이다.

사회의식에 갇힌 인간의 마음을 '변형된 에고'라고 한다. 변형된 에고는 생존을 위한 인간의 집단적 태도로, 초의식을 거부하고 신을 차단하는 두뇌의 필터(filter)이므로, 자신이 속한 집단적 관점에서 생존에 해가 되는 생각을 거부하고, 사회에서 인정받아 안전하고 안정되게 사는 것을 선택하게 된다.

변형된 에고에 갇히면, 자신이 신의 아들로서 신과 하나로 존재하는 영원하고 무한한 신이라는 생각을 거부하고, 인간이라는 환영 속에 자신을 가두어 버리며, 지옥·원죄·심판 등의 자기비판·죄책감·걱정·두려움에 빠진 생각을 즐기며 살아가게 된다. 그러므로 변형된 에고는 적그리스도다.

그에 반해 그리스도는 내면에 존재하는 신의 사랑과 무한한 생명을 온전히 표현하는 사람이고, 사회의식 너머에 존재하는 무한한 초의식과 하나로 존재하는 사람이며, 교리와 예언과 두려움을 초월하여 깨달음 그 자체가 되어가는 사람으로서, 자신이 신의 아들로서 신이듯이 다른 모든 사람도 신의 아들이자 신이라는 진리를 가르치는 사람이다.

그리스도와 적그리스도는 동일한 신전을 공유하는데, 인간이 바로 그것이다. 따라서 인간의 내면에서는 그리스도와 적그리스도의 투쟁이 벌어지고 있는데, 그것을 아마겟돈(Armageddon)이라고 한다. 아마겟돈은 일어서고 있는 그리스도와 통제를 유지하려는 변형된 에고 사이의 투쟁이고, 무한한 초의식과 사회의식 사이의 갈등이다. 그리고 인간은 내면에서 갈등하며 평생 아마겟돈을 겪으며 살아가는 존재다.

사회의식 너머에 무한한 초의식이 존재한다. 그러므로 인간이 무한한 초의식을 받아들이려면, 변형된 에고가 사회의식에서 벗어나야만 한다. 초의식을 경험할 때마다 변형된 에고는 서서히 사회의식에서 벗어나게 된다.

초의식을 경험하려면, 초의식을 수신하고 증폭하는 두뇌의 위대한 부분이 활성화되어야 하고, 두뇌의 위대한 부분이 활성화되려면 뇌하수체의 호르몬 분비 통로가 열려야 한다. 뇌하수체는 호르몬의 종류와 분비량으로 두뇌와 육체의 기능을 조율하는 기관으로, 혼의 지휘를 받아 호르몬 분비 통로를 열기 때문이다. 따라서 뇌하수체가 호르몬 분비 통로를 개방하려면 혼의 지시를 받아야 한다.

모든 인간은 뇌하수체가 열린 상태로 이 세상에 나온다. 하지만 부모와 사회의 제한된 교육으로 인해 뇌하수체는 시간이 지날수록 닫혀 사춘기를 지나면 거의 닫히게 된다.

뇌하수체가 열릴수록 더 많은 양의 젊음의 호르몬이 분비되고, 젊음의 호르몬이 더 많이 분비될수록 두뇌의 위대한 부분은 더 많이 활성화되어 더 많은 초의식을 받아들여 신을 경험하므로 변형된 에고는 사회의식에서 벗어나게 된다.

그러므로 변형된 에고가 사회의식에서 벗어나려면, 혼이 뇌하수체에 젊음의 호르몬을 분비하라고 명령하게 해야 한다. 혼이 뇌하수체에 젊음의 호르몬을 분비하도록 명령하게 하려면, 신이 되려는 욕구가 있어야 한다.

자기 생각이 즉시 현실에 구현되게 하고, 자신이 모든 것의 있음으로 되고자 하며, 자신의 전부를 사랑하고 받아들이는 것은 신이 되려는 욕구이다. 그런데 왜 자신의 전부를 사랑하고 받아들이는 것이 신이 되려는 욕구일까?

자신의 전부를 사랑하면, 다른 사람을 의식하지 않게 되고, 판단을 초월하게 되며, 시간의 환영을 넘어서게 되고, 오로지 자아의 충만함을 위해 내면의 소리만 듣고 기쁨의 길만 걷게 되는데, 그 길에는 존재하는 모든 것에 대한 앎이 펼쳐지기 때문이다. 그러므로 신 전체를 받아들일 만큼 자신을 사랑하는 것이야말로, 진정으로 신이 되려는 욕구이다.

어떤 욕구라도 실현할 수 있는 가장 위대한 방법은, '자기 존재'의 '주' '하느님'으로서 그 욕구를 선언하는 것이다. '자기 존재의 주'는 뇌하수체에 호르몬을 분비하라고 지시함으로써 감정 체계를 통해 육체를 지배하는 혼이라는 빛의 알갱이고, '자기 존재의 하느님'은 내면의 신으로서 인간의 모든 것을 아우르며 무한한 생각이 흘러오게 하는 빛의 오라다. 그리고 '자기 존재'는 몸의 형상으로 물질세계를 경험하는 존재로서 생각의 순수함이나 있음을 변형시켜 판단하도록 부추기는 변형된 에고다.

인간은 물질세계에서 영·혼·변형된 에고로 자신을 표현하는 3가지 차원의 창조물이므로, 육체에 갇혀있는 인간의 욕구는 영·혼·변형된 에고를 통해서만 실현할 수 있다.

그러므로 자기 존재의 주 하느님으로서 신이 되려는 욕구를 생각하고 말하고 행동하는 것은, 전체가 일치하여 신이 되려는 욕구를 선언하는 것이다. 따라서 그 일치됨에 의해 신이 되려는 욕구는 가장 빠르고 명확하게 구현된다.

그러므로 '자기 존재'의 '주' '하느님'으로서 신이 되려는 욕구를 지니고 그 욕구를 선언하면, 혼은 그에 복종하여 높은 주파수 대의 초의식을 받아들이는 두뇌의 위대한 부분을 활성화할 필요성을 느끼게 되므로, 뇌하수체에 호르몬 분비 통로를 열어 젊음의 호르몬을 분비하도록 명령하게 된다.

혼의 명령을 받은 뇌하수체는 젊음의 호르몬을 분비하고, 젊음의 호르몬에 의해 잠자고 있던 두뇌의 위대한 부분은 활성화되며, 활성화된 두뇌의 위대한 부분으로 초의식이 들어오고, 초의식을 느끼고 경험함으로써 더 많은 것을 알게 된다. 그렇게 들어온 초의식에 의해 뇌하수체는 더욱더 열려 더 많은 젊음의 호르몬을 분비하고, 두뇌의 위대한 부분은 더 많이 활성화되므로 변형된 에고는 사회의식을 초월하게 된다.

이렇게 무한한 초의식으로 두뇌가 활성화되어 두뇌 전체의 스펙트럼(spectrum)을 사용하게 되면, 초의식에 의해 모든 세포는 활성화된다. 따라서 죽는 것이 멈추고, 늙는 것이 멈추며, 육체의 손상된 부위는 빠르게 재구성되며 복원되고, 모든 질병은 저절로 치유된다.

생각하고 말하는 방식에 따라 허용하는 앎이 결정된다. 자신이 알고자 하는 것은 무엇이든 '나는 …을 안다'라고 말하면, 그것을 알게 된다. '나는 …을 안다'라고 말하면 앎에 의해 받아들이는 상태에 놓이게 되므로 모든 걸 알게 되는 것이다.

안다고 말하는 것은 무한한 생각의 흐름이 자신에게 흐르도록 허용하는 문이다. 따라서 즉시 그것을 알지 못해도, 시간이 지남에 따라 그것을 알 수 있는 지식이나 상황 또는 사람이 나타나 경험함으로써 그것을 깨닫게 된다. 그러므로 '나는 …을 안다'라고 말해야 한다.

만일 '나는 …을 알기를 바란다'라거나, '나는 …을 알기 위해 노력한다'라거나, '나는 …을 알기 위해 애쓰고 있다'라고 말하면 결코 그것을 알 수 없다. 바람이나, 노력, 애쓰는 것으로 알 수 있는 것이 아니기 때문이다.

앎을 얻을 수 있는 유일한 방법은 아는 것이고, 아는 데 필요한 것은 '나는 …을 안다'라고 말하는 것뿐이다. 따라서 '나는 …을 모른다'라고 말하면 결코 그것을 알 수 없게 된다. 모든 인간은 생각과 말로 법을 만들고 선언하는 신이므로, 그가 말로 선언한 법은 그것이 무엇이든 혼에 느낌으로 기억되고, 그 느낌은 양자역학 원리로 이 세상에 구현되기 때문이다. 그러므로

'나는 ···을 모른다'라고 말하면 그것을 모르는 상황을 경험하게 된다.

마찬가지로 '나는 ···을 믿는다'라고 말해도 그것을 알 수 없게 된다. 믿음은 앎이 아니기 때문이다.

믿음·의심·신앙은 추측이다. 믿음은 자신이 알지 못한 것과 경험을 통해 이해하지 못한 것을 억지로 납득시키는 것이다. 따라서 어떤 것을 믿으면 그것을 알 수 없게 된다. 무언가를 믿으면, 혼은 믿는다는 것을 확실성이 없는 진리를 확신시키기 위해 몰아세우는 것으로 인식하기 때문이다.

하지만 어떤 것이라도 그것을 확고하게 믿으면, 그것은 현실로 드러나게 된다. 그러므로 절대로 어떤 것을 믿으면 안 된다. 어떤 것을 믿으면, 믿음에 삶을 맡겨버리고 자신을 아주 나약하게 만들어 버리며, 믿는 것을 창조하기 때문이다. 그럴 때 쉽고 조종당하고 비난받게 된다. 그러므로 믿음은 매우 위험하다.

알고 싶은 것이 있다면 그것이 무엇이건 그냥 알면 된다. 알기 위해 질문하고 내면의 느낌에 귀를 기울이면 된다. 내면의 느낌을 거스르지 말고, 내면에서 좋은 것으로 느껴지지 않는 것을 자신에게 억지로 강요하지 않으면 된다. 항상 자신의 느낌이 가진 지혜를 믿으면 저절로 알게 된다.

욕구가 무엇이든, 알고 말하는 것은 반드시 그렇게 된다는 것을 앎으로써 욕구는 현실에 구현된다. 그것은 앎으로써 욕구와 나 그리고 욕구를 충족시켜 주는 것이 하나라는 진리를 저절로 이해하기 때문이다.

그러므로 앎은 절대적인 미래의 창조자다. 내면에서 느껴지는 확실한 생각으로 '나는 안다'라고 말하는 매 순간 앎이 실현될 수 있는 공간이 허용된다. 따라서 '나는 지금 이것에 대한 답을 알고 있다'라고 확고하게 말하면, 위대한 생각은 창조적인 형상으로 드러나고, 그것을 경험하게 된다.

이렇게 욕구가 경험으로 실현될 때마다 앎이 현실에 구현된다는 진리가 두뇌의 변형된 에고 부분에 각인되고, 그에 따라 변형된 에고는 더 많은 초의식이 두뇌로 들어오는 것을 허용하게 된다.

그러면 뇌하수체는 더 많이 열리고 두뇌는 더 많이 활성화되므로 더 많은 것을 알게 된다. 그리고 더 많이 알수록, 더 많은 것들이 감정으로 느껴지고, 생각은 빠르게 현실에 구현되며, 사랑 이해 자비심은 깊어지게 된다.

물질의 형태로 생각을 이해하려 하는 변형된 에고로 인해, 인간의 사고 과정은 물질이라는 현실에 사로잡혀 삶을 분열된 것으로 인식하므로 앎을 방해하게 된다. 왜냐하면, 물질은 빛이 주파수를 낮추고 또 낮추어 음과 양이라는 양극 차원으로 분열된 것이기 때문이다.

그래서 물질적인 생존을 지향하는 변형된 에고는 삶을 양극 차원의 관점에서, 위-아래, 좌-우, 가까이-멀리, 빠른-느린, 뜨거운-차가운, 좋은-나쁜, 옳은지-그른지, 긍정적인지-부정적인지, 현실인지-상상인지, 합리적-비합리적인지 등의 나눔과 대립으로 보고 판단하게 된다.

하지만 삶을 나눔과 대립으로 보고 판단할 때마다 생각은 물질 차원의 낮은 주파수로 변형되고, 인간은 낮은 주파수대의 생각을 느끼고, 그 느낌과 같은 주파수대의 생각·상황·사람을 끌어와 경험하게 된다. 따라서 분열된 생각의 결과를 체험하는 것은 분열된 생각을 한 자기 자신이 되므로, 앎은 멀어지고 삶은 피곤하게 된다.

그러므로 나누고 구분하여 판단하지 말고, 그냥 알면 된다. 앎은 생각의 무게나 가치를 따지지 않고, 방해나 차단 없이 모든 사고 과정을 허용한다. 앎은 모든 생각을 있음이 되도록 허용하고, 모든 것을 동등함으로 바라본다.

빛, 있음, 생명, 사랑, 신은 모든 것의 본질이자 그 자체이며 하나다. 따라서 모든 것을 빛으로, 있음으로, 생명으로, 사랑으로, 신으로 보고 생각하면, 나누고 구분하여 판단하지 않게 된다. 그리고 그렇게 모든 걸 보고 생각하면, 석가모니 붓다처럼 예수그리스도(Jésus Christ)처럼 보고 생각하게 된다.

구분하고 판단하지 않으려면 그것에서 일어나는 감정이나 생각을 자각하면 된다. 슬픔·분노·두려움·조급함·외로움 등의 좋아하지 않는 감정을 느끼면, 그런 생각과 감정을 자각하고 검토하면 된다.

자각하기 시작하면, 나누고 구분하여 판단하는 생각과 좋아하지 않는 감정이 서로 연결되어 있음을 알게 되므로, 저절로 구분하고 판단하는 생각을 정제하게 된다. 또한, 자각할수록 초의식을 허용하게 되므로 그것을 경험하게 되고, 초의식과 마음의 평화·기쁨·가벼운 몸 등의 좋은 감정이 연결되어 있음을 알게 된다. 그리고 그러한 경험은 무한한 초의식을 더 많이 허용하고 경험하여 알게 된다.

나누고 구분하여 판단하지 않고, 무한한 초의식을 허용하고 경험하는 상태를 '존재(be-ing)'라고 한다. 그러므로 존재한다는 것은 자신이 어떠하건 자기 자신이 되도록 허용하는 것이고, 그러한 자신을 있는 그대로 온전히 사랑하는 것이며, 무엇을 느끼건 그것을 느끼고 그 감정으로 살아가는 것이고, 전적으로 이 순간으로 살아가는 것이다.

따라서 존재할 때 판단하지 않게 되고, 시간의 환영은 사라지며, 생명의 있음과 이 순간의 나아감만 있게 된다. 또한, 죄의식과 후회로 과거나 미래에 허비하지 않고, 특정한 진리에 집착하지 않으며, 모든 진리를 살피고 조사하게 된다.

따라서 존재할 때 내면의 신이 깨어나고, 모든 것과 조화를 이루며, 조화를 통해 모든 것을 가지게 된다. 그러므로 존재하는 것 외에 다른 어떤 것도 할 필요가 없다.

존재하는 것은 비행기 조종사가 자동항법장치에 목적지를 입력하고 조종을 맡긴 후 편히 쉬는 것과 비슷하다. 자동항법장치는 목적지에 이르는 최적의 경로를 알고 있고 그 길로 비행기를 인도한다.

삶의 여정에도 자동항법장치가 존재하는데, 영(靈)이 바로 그것이다. 영은 모든 것을 알고 있는 내면의 신(神)으로서, 변형된 에고의 욕구와 그것을 이루는 가장 쉽고 빠른 경로만을 아는 자동항법장치다. 그러므로 존재하려면, 욕구를 명확히 설정한 후 결과에 집착하지 않고 초연함을 유지하며 자연스럽게 존재하면 된다.

초연함은 내면의 신에게 삶을 맡기고 자연스럽게 존재하는 것이고, 집착은 자동항법장치(내면의 신)를 켠 상태에서 조종사(변형된 에고)가 조종(삶)에 간여하는 것이므로, 집착하면 내면의 신과 변형된 에고가 충돌하므로 엉뚱한 곳에 이르게 된다.

따라서 집착을 버리고 초연함을 유지하며 존재하면, 내면의 신에 의해 욕구는 저절로 이루어지게 된다. 그래서 노자는 아무것도 하지 않고 자연스럽게 존재하는 무위자연(無爲自然)을 깨달음의 최고 경지인 도(道)라고 했는데, 여기서 자연(自然)과 도(道)는 신의 다른 이름이다.

그러므로 '나는 신이다'라고 선언하고 자연스럽게 존재하면, 내면의 신이 드러나 변형된 에고를 정복하게 된다. 변형된 에고를 정복하면, 뇌하수체는 완전히 열리고, 두뇌는 완벽하게 활성화되므로, 더는 무한한 초의식이 두뇌로 들어오는 것을 막는 것은 없게 된다.

이제 무한한 초의식은 끊임없이 두뇌로 쏟아져 들어오므로 알고자 하는 것은 즉시 알게 되고, 앎 전체를 받아들여 경험함으로써 지혜를 얻고, 지혜는 혼에 기억으로 기록된다. 혼에는 이번 생에서의 기억뿐 아니라, 한 존재가 몸이라는 허울을 수없이 바꿔가며 경험한 모든 삶에서의 모든 앎과 지혜가 완벽하게 기록되어 있다.

이렇게 수없이 반복된 삶을 통해 얻은 모든 앎과 지혜라는 방대한 정보가 미세한 빛 알갱이인 혼에 기록될 수 있는 것은, 혼은 양자 중첩의 원리로 모든 정보를 기록하기 때문이다. 앞으로 과학도 빛의 중첩원리로 무한한 정보를 저장하는 방법을 찾아낼 것이다.

신은 생각 차원에서 양자역학적으로 작동하는 생각이자 빛이고, 인간은 물질 차원에 갇혀 고전 역학적으로 작동하는 생각이자 빛이다. 양자역학적인 현상은 생각이나 빛 차원뿐 아니라 원소, 분자 심지어 세포 차원에서도 일어난다.

따라서 무한한 초의식이 세포 안으로 들어오면, 무한한 초의식을 받아들인 세포와 세포를 구성하는 모든 분자는 빛처럼 빠르게 진동하므로, 육체는 양자역학적으로 작동하게 된다. 육체도 양자역학적으로 보이지 않는 차원에서 존재하게 되는 것이다.

초의식으로 두뇌의 기능이 완전히 활성화될 때, 모든 것을 앎으로써 혼이 지혜로 완성될 때, 자기 생각에 대한 비판을 극복하고 모든 생각을 받아들이도록 허용할 때, 자신에게 주어진 시간에 대한 환영을 넘어설 때, 생각으로 무엇이든 할 수 있게 된다. 이제 생각으로 몸에게 빠르게 진동하라고 명령하면, 몸은 빠르게 진동하게 된다.

더 많이 알수록, 몸이 모든 주파수를 더 많이 경험할수록, 몸은 더 빠르게 진동하며 밝아지고 밝아지며 광채가 나고 온도가 올라가게 된다. 이렇게 초의식으로 주파수를 수백만 배로 높이면, 몸은 순수한 빛으로 순수한 생각으로 빠르게 진동하므로 몸을 지닌 채 보이지 않는 상태로 존재하게 된다. 따라서 영혼이 드러나며 육체를 지닌 채 이 세상을 초월하는데, 그것을 '초탈(超脫)'이라고 한다. 따라서 초탈은 인간의 핵이 육체 차원까지 확장되는 현상이다.

초탈을 이루면, 몸의 진동 주파수를 자유롭게 조율하게 되므로, 몸의 진동 주파수를 빠르게 하여 생각으로 생명의 보이지 않는 차원에서 존재하거나, 느리게 하여 특정 물질과 같은 주파수로 존재할 수도 있게 된다. 또한, 죽음을 초월하므로, 윤회의 굴레에서 벗어나 순수한 생명, 순수한 신, 무한한 생각으로 존재하게 된다.

초탈하여 생각이자 빛으로 존재하면, 혼에 기록된 모든 앎과 지혜는 보배로서 무한한 생각에게 바치는 공물(供物)이 된다. 이제 혼에 기록된 모든 앎은, 양자역학 원리로 무한한 생각에 중첩되어 기록되는 동시에 전 우주의 모든 존재에 생각으로 보내져, 전 우주는 그 느낌으로 전율하고 조화를 이루며 진화하게 된다.

또한, 무한한 생각이 지닌 모든 앎은, 양자 중첩의 원리로 혼에 중첩하여 기록되므로, 혼은 무한한 생각과 같은 앎을 지니게 되고, 혼과 무한한 생각은 하나가 되는데, 그것은 이슬방울이 바다에 떨어지는 것과 같다.

이슬방울과 바다가 합쳐지는 순간, 이슬방울과 바다는 하나가 된다. 이제 이슬방울은 바다가 되고, 바다는 이슬방울이 되는데, 그것이 깨달음이고 구원이다. 그러므로 구원이란 스스로 자신의 신성함을 깨닫고 무한한 생각의 바다와 하나로 되는 것이고, 그 이외에 다른 구원의 길은 존재하지 않는다.

이렇게 초탈하여 무한한 생각과 하나가 되면, 우주의 모든 것을 동시에 알게 된다. 따라서 초탈한 존재들은 특별한 말이나 통신장치가 없이도 그냥 서로의 생각을 알게 된다. 이제 이슬방울은 수많은 이슬방울이 모여 하나의 바다를 이루고 있고, 그 바다는 수많은 이슬방울이 상호의존하는 인드라망처럼 연결된 하나의 생명임을 깨닫게 된다.

이슬방울이 무한한 생각의 바다와 하나가 되어도, 이슬방울이 사라지는 것은 아니다. 생명으로서 독존적인 지위에는 아무런 변화가 없기 때문이다. 이제 이슬방울은 주파수를 올리거나 내림으로써, 몸을 지닌 채 어느 차원이든 여행하게 되고, 전체와 개체를 자유로이 오가며 체험하게 된다.

전체로서 이슬방울은 모든 것이자 모든 것의 배경이자 무대로 존재하는데, 그것은 모든 별과 행성이 궤도를 지키며 돌게 하는 힘이자, 무한한 생각으로 가득한 끝없는 공간이기도 하다.

개체로서 이슬방울은 몸을 지닌 상태로 이 세상의 계곡을 건거나, 바람이 되어 바다 위를 날거나, 어린아이의 미소가 되어 웃기도 한다. 또한, 은하계를 비롯한 생명체들을 창조하는 원리를 탐구하거나, 아름다운 음악을 작곡하거나, 신비로운 색으로 공간을 수놓으며 자신을 표현하는데, 그 표현에는 어떤 제한도 없다.

이렇게 이슬방울이 무한한 생각의 바다와 하나가 될 때마다, 태초에 무한한 생각이 체험하여 느낌으로써 자신을 알고자 했던 열망은 충족된다. 그리하여 모든 이슬방울이 무한한 생각의 바다와 하나가 될 때 이곳에서의 삶은 완성되고, 더 무한하고 영원하며 경이로운 모험의 여정을 떠나게 된다.

인간은 신으로, 지구촌은 신들의 세계로 나아가고 있다. 지구촌이 신들의 세계로 진화하려면, 과학이 초의식을 받아들여 양자역학 원리를 완벽하게 이해하고 모든 것의 진동 주파수를 생각 차원까지 끌어올릴 수 있어야 한다. 그렇게 물질을 구성하는 모든 분자가 생각처럼 빠르게 진동하면, 물질도 생각처럼 양자역학 원리로 작동하는데, 모든 물질은 진동 주파수가 낮아지며 응축된 생각이기 때문이다.

앞으로 과학은 인간이 무한한 초의식을 받아들여 육체의 진동 주파수를 빠르게 하는 방법을 응용하여, 물질의 진동 주파수를 생각 차원까지 끌어올리는 방법을 찾아낼 것이다.

과학이 생명체의 진동 주파수를 빠르게 하는 방법을 알게 되면, 우주의 끝에서 다른 끝까지 한 순간에 생각으로 통신하게 되고, 빛보다 빠르게 나는 우주선을 창조하여 우주의 어느 곳이든 여행하게 된다. 그 우주선은 인간의 육체처럼 수많은 세포로 이루어지고, 구심력과 원심력으로 무한한 생각을 끌어당겨 발산하는 살아있는 독존적 생명체의 원리로 만들어질 것이다. 이는 핵과 주변의 원리로 이루어진 생명체만이 무한한 생각에서 무한한 초의식을 끌어당겨 육체의 진동 주파수를 생각처럼 빠르게 할 수 있기 때문이다.

그 우주선은 태양의 표면을 흐르는 플라즈마의 강에서 채취한 플라즈마를 우주선의 핵으로 사용할 것이다. 또한, 중력과 반중력으로 빛에 가까운 속도로 이동하거나, 우주선을 구성하는 모든 세포와 분자의 진동 주파수를 생각처럼 빠르게 하여 입력한 시공간의 좌표로 한순간에 도달하는 방식으로 이동할 것이다. 그리하여 물질 차원도 양자역학으로 작동하는 신들의 세계로 진화하게 된다.

이렇게 무한한 생각과 양자역학을 이해하면, 인류는 육체를 지닌 신으로서 무한히 자유롭게 영원히 살게 된다. 이제 신이 된 인간은 우주의 구석구석을 탐험하게 되는데, 단단한 지구의 내부와 깊은 바닷속은 물론 뜨거운 태양의 외부와 내부 등 우주의 어느 곳이라도 탐험하게 된다. 그러면 물질은 환상이라는 사실을 명확히 알게 될 것이다.

그러나 현재 인류는 돈이면 무엇이든 할 수 있다는 자본주의, 물질이 모든 것의 본질이라는 유물론(唯物論)의 공산주의, 인간과 신을 이원(二元)적으로 구분하는 편협한 종교에 갇혀있고, 여기에 인간의 생각까지 통제하려는 전체주의 독재에 시달리고 있다.

이렇게 물질적 사고에 갇히고 신과 인간을 구분하며 생각의 자유가 제한될수록, 생존을 추구하는 인간은 모든 것을 나누고 구분하여 판단하게 된다. 따라서 생각은 물질 차원의 낮은 주파수로 변형되고, 인간은 낮은 주파수대의 생각을 느끼고, 그 느낌과 같은 주파수대의 생각·상황·사람을 끌어와 경험하게 된다. 그리하여 앎은 멀어지고 삶은 피곤해지며 이 세상은 지옥으로 변하는데, 물질적으로만 사고하고 강력한 독재자가 존재할수록 그 정도는 심해진다.

독창적인 천재가 되고, 위대한 진리를 발견하며, 신이 되는 유일한 길은 무한한 생각으로부터 초의식을 받아들이는 것 이외에 다른 방법은 없다. 그러므로 전 인류가 초의식을 받아들여 한꺼번에 신으로 진화하려면, 반드시 인간을 옥죄고 있는 고정관념과 어리석은 독재부터 철폐해야 할 것이다.

핵(Core) 원리

끌어당김 원리와 양자역학 원리로 생명력이 소용돌이치며 응축되어 중심에 핵이 형성되고, 핵의 구심력에 의해 주변이 소용돌이치며 정렬됨으로써 모든 독존적 생명체는 창조되었다. 따라서 생명체의 생명력이 강해지려면 핵의 구심력이 강해야 한다.

이렇게 핵의 구심력이 강할수록, 생명체는 빠르게 소용돌이치며 생명력이 강한 요소들은 핵에, 생명력이 약한 요소들은 주변에 정렬되며 하나로 통합되어 생명력이 강해지는데, 이를 '핵 원리'라고 한다.

핵 원리는 거대한 은하계의 핵인 블랙홀의 구심력이 강할수록, 주변의 별과 행성이 빠르게 소용돌이치며 하나로 정렬되어 통합되는 것을 보면 알 수 있다. 또한, 공기·물·혈액 등이 빠르게 순환할수록 그 구성 요소들이 조화롭게 정렬되고, 막걸리가 든 병을 돌려 소용돌이치도록 희석하면 막걸리를 구성하는 물질들이 조화롭게 정렬되어 병뚜껑을 열어도 막걸리가 넘치지 않는 것을 보아도 알 수 있다.

열역학 제2법칙은 강한 생명력을 지닌 요소들과 약한 생명력을 지닌 요소들이 질서 있게(불균등하게) 정렬된 상태를 '엔트로피(entropy, 무질서도)가 낮다'라고 한다. 반대로 강한 생명력을 지닌 요소들과 약한 생명력을 지닌 요소들이 무질서하게(균등하게) 뒤엉켜 존재하는 상태를 '엔트로피가 높다'라고 한다.

따라서 핵에는 강한 생명력을 지닌 요소들이, 주변에는 약한 생명력을 지닌 요소들이 소용돌이 형태로 정렬된 상태는, 엔트로피는 낮고 생명력은 강한 상태다.

열역학 제2법칙은 "에너지의 전달에는 방향성이 있어 총 엔트로피는 항상 증가하거나 일정하며 자연적으로는 절대 감소하지 않고, 따라서 우주는 끊임없이 증가하는 엔트로피에 의해 결국 종말에 이르게 된다"고 한다.

그러나 열역학 제2법칙은 핵 원리로 작동하지 않는 죽은 시스템에는 타당하지만, 핵 원리로 작동하는 살아있는 시스템에는 맞지 않은 이론이다. 무한히 펼쳐진 우주는, 핵의 구심력에 의해 엄청난 속도로 소용돌이치는 살아있는 시스템이므로, 끝없이 엔트로피가 낮아지기 때문이다. 따라서 우주의 엔트로피가 높아져 종말에 이르는 일은 결코 있을 수 없다.

지금, 이 순간에도 은하계·태양계·지구·원소 등은 엄청난 속도로 자전하고 공전하며, 물과 바람과 혈액, 낮과 밤과 계절 등은 끊임없이 순환하여 엔트로피를 낮추고 있기 때문이다.

만일 지구와 우주가 핵 원리로 작동하지 않았다면 수십억 년 동안 축적된 엔트로피로 인해, 지구는 어떤 생명체도 존재할 수 없는 죽음의 행성으로 변했을 것이고, 우주는 혼란과 혼돈 속에 이미 막을 내렸을 것이다. 이는 회전을 멈춘 지구와 순환이 멈춘 육체가 얼마나 생명을 유지할 수 있는가를 상상하면 쉽게 이해할 수 있다.

또한, 열역학 제2법칙은, 시간은 엔트로피가 증가하는 방향으로, 엔트로피가 증가하는 만큼 흐르며, 인간은 그런 시간에 순응할 수밖에 없다고 하는데, 이를 '열역학적 시간의 화살'이라고 한다.

그러나 아인슈타인은 중력이 강할수록 시간은 천천히 흐른다고 했고, 이는 실험적으로도 입증되었다. 중력은 생명력이므로, 생명력이 강할수록 시간은 천천히 흐른다. 따라서 생명력이 강한 젊은이의 시간은 천천히 흐르지만, 노인이 될수록 생명력이 약해지므로 시간은 빠르게 지나가고, 중력이 매우 강한 블랙홀에서 시간의 흐름은 멈춘다.

그러므로 핵 원리로 생명력이 강해지면, 시간의 환영은 사라지고 '영원한 지금, 이 순간'이라는 실재가 드러나게 되므로 '열역학적 시간의 화살'을 초월하게 될 것이다.

생명체가 반듯한 소용돌이 형태일수록 핵 원리는 효율적으로 작동한다. 생명체가 반듯한 소용돌이 형태일수록, 핵을 축으로 강하게 소용돌이치므로 생명력은 강해지기 때문이다.

반대로 생명체가 찌그러질수록, 약하게 소용돌이치므로 생명력은 약해진다. 그러므로 생명체의 형태를 관찰하면 생명력의 강·약을 알 수 있다.

❖ 그림 7, **생명력이 강한 소용돌이 형태의 사람과 태풍**

〈그림 7〉의 리듬체조 선수와 태풍은 반듯한 소용돌이 형태이므로, 생명력이 강한 상태다. 그에 반해 〈그림 8〉처럼 휘어진 척추를 지닌 사람과 흩어지는 태풍은 찌그러진 소용돌이 형태이므로, 생명력이 약한 상태다.

따라서 휘어진 척추를 지닌 사람의 생명력이 강해지려면, 척추부터 반듯하게 정렬해야 한다. 휘어진 척추를 반듯하게 정렬하려면, 몸의 중심인 척추를 축으로 몸을 좌우로 돌려 소용돌이치게 하는 방식으로 수련하면 된다. 척추를 축으로 좌우로 돌리면 핵 원리가 작동하여 구심력(생명력)이 강해지므로, 척추는 저절로 반듯해지기 때문이다.

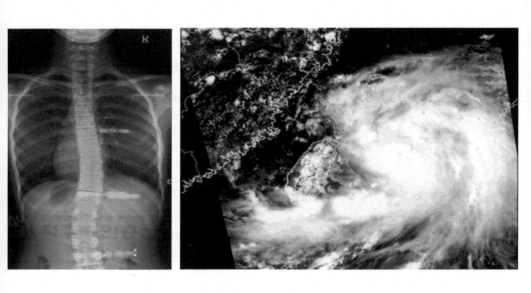

❖ 그림 8, **생명력이 약한 찌그러진 형태의 척추와 태풍**

생명체가 찌그러지며 소용돌이가 약해지는 현상이 노화와 질병이다. 노화와 질병에 의해 소용돌이가 약해지면 더 찌그러지고, 더 생명력이 약해지는 악순환에 빠져, 결국 생명력이 완전히 사라지며 생명체는 분해되는데, 그것이 죽음이다.

노화·질병·죽음은 똑바로 서서 회전하던 팽이가, 회전력이 약해지며 비틀거리다 쓰러지는 것과 같은 현상이다. 회전력이 약해져 비틀거리는 것은 노화와 질병이고, 쓰러져 회전이 멈추는 것은 죽음이다.

핵 원리는 물질 우주를 창조하고 진화하게 하는 원리다. 신들은 핵 원리로, 생각을 정렬하고 확장하여 빛을, 빛을 정렬하고 응축하여 수소 원소를 비롯한 모든 종류의 원소들을 창조했다.

그들은 먼저 생명력이 강한 요소들을 정렬하여 핵을 창조했고, 핵의 구심력으로 주변이 소용돌이치게 함으로써 다양한 원소들을 비롯한 모든 차원의 독존적 생명체들을 창조했다. 원소들을 정렬하고 응축하여 분자들을, 분자들을 정렬하여 수많은 별과 행성과 세포를, 수많은 세포를 정렬하여 다양한 유기적 생명체들과 인간의 육체를 창조한 것이다.

그리고 그렇게 창조된 모든 생명체가 조화롭게 소용돌이치며 존재하고 진화하도록 우주를 설계했다.

이처럼 핵 원리로 물질 우주의 창조와 진화가 이루어진 것은, 핵의 구심력에 의해 소용돌이칠수록 하나로 통합되어 단순해지며 생명력이 강해지기 때문이다. 핵의 구심력이 강할수록 모든 것은 소용돌이의 한 부분을 구성하는 동시에 하나의 소용돌이로 존재하게 된다. 모든 것은 소용돌이 안에서 자기 자리를 지키며 하나의 소용돌이로 통합되는 것이다.

또한, 강한 핵 구심력으로 소용돌이칠수록 효율적이고 경제적으로 작동한다. 이는 엔트로피를 낮추며 모든 것을 창조하는 과정에 우주는 전혀 에너지를 소모하지 않은 것으로 알 수 있다. 핵의 구심력에 의해 그냥 소용돌이쳤을 뿐인데, 모든 것은 정렬되어 엔트로피는 낮아지고 에너지는 충전되었으며, 생명은 창조되고 진화했기 때문이다.

핵 구심력이 강할수록, 핵 원리가 더 효율적으로 작동하므로, 생명체의 생명력은 강해진다.

그래서 구심력이 강한 핵을 창조함으로써 태풍 발전기와 플라즈마 엔진을 제작하는 방법을, 세포핵의 구심력을 강해지게 하여 모든 질병을 치유하는 원리를, 구심력이 강한 국가핵을 창조함으로써 기아·전쟁·폭정 등 모든 국가적인 질병을 제거하는 방법을 정리해 보았다.

제3장

핵 에너지

아무리 강력한 태풍이라도 바닷물 온도가 낮아지거나 육지에 상륙하면, 시간이 지날수록 소용돌이가 약해지다가 결국 평범한 열대성 저기압으로 변하며 소멸하게 된다. 바닷물 온도가 낮아지면, 상승기류가 약해지므로 태풍 핵의 구심력도 약해지기 때문이다. 그러나 16~18km에 달하는 태풍핵 상층부와 하층부의 간격이 3~4km에 불과하다면, 수많은 태풍이 발생하고 그 세기는 지금과 비교할 수 없을 정도로 강할 것이다. 상층부와 하층부 간격이 좁을수록 태풍핵의 구심력은 강해지기 때문이다. 또한, 뜨거운 바닷물 온도와 차가운 성층권 온도가 언제나 그대로 유지된다면, 그리고 바람이 원심력에 의해 흩어지지 않고 그 속도를 유지하며 다시 태풍 핵으로 돌아와 반복하여 순환하고 회전한다면, 한번 발생한 태풍은 최대치로 강해져 절대 소멸하지 않을 것이다.

태풍 발전기

태풍은 높은 온도의 바닷물에 뜨거워져 상승하는 공기(상승기류)가, 성층권과 접하는 대류권 계면에서 차가워져 하강하는 공기(하강기류)를 만날 때 나타나는 현상이다. 차가운 공기는 밑으로 내려오며 응축되고, 뜨거운 공기는 위로 상승하며 발산하므로, 중심 기압이 주변보다 낮아지며 강한 구심력이 발생하며 태풍핵이 창조되기 때문이다.

태풍핵이 창조되면 상승하며 발산하는 주변의 공기는 구심력에 의해 태풍 핵을 축으로 코리올리 효과(Coriolis effect)에 의해 회전하는 강한 바람이 되어 태풍의 주변을 형성하게 된다. 북반구에서는 시계 반대 방향으로 남반구에서는 시계 방향으로 회전하는 코리올리의 효과는, 광대한 바다뿐만 아니라 조그마한 세면대에서도 똑같이 나타난다.

열대 바다에 형성되는 거대한 초강력(super strong) 태풍핵은 지름이 100~200km에 달하고, 상층부는 영하 75℃의 성층권에 하층부는 영상 30℃의 열대 바다에 접한다. 그리고 태풍핵 주변에서 소용돌이치는 바람의 속도는 초속 54m(시속 194km)에 이른다.

하지만 아무리 강력한 태풍이라도 바닷물 온도가 낮아지거나 육지에 상륙하면, 시간이 지날수록 소용돌이가 약해지다가 결국 평범한 열대성 저기압으로 변하며 소멸하게 된다. 바닷물 온도가 낮아지면, 상승기류가 약해지므로 태풍핵의 구심력도 약해지기 때문이다.

그러나 16~18km에 달하는 태풍핵 상층부와 하층부의 간격이 3~4km에 불과하다면, 수많은 태풍이 발생하고 그 세기는 지금과 비교할 수 없을 정도로 강할 것이다. 상층부와 하층부 간격이 좁을수록 태풍핵의 구심력은 강해지기 때문이다.

또한, 뜨거운 바닷물 온도와 차가운 성층권 온도가 언제나 그대로 유지된다면, 그리고 주변의 바람이 원심력에 의해 흩어지지 않고 그 속도를 유지하며 다시 태풍 핵으로 돌아와 반복하여 순환하고 회전한다면, 한번 발생한 태풍은 최대치로 강해져 절대 소멸하지 않을 것이다.

그러므로 차가운 상층부와 뜨거운 하층부의 간격을 최대한 좁히고, 약간의 전기에너지로 차가운 상층부와 뜨거운 하층부 온도를 언제나 일정하게 유지하게 함으로써 태풍 발전기 핵을 창조하고, 주변의 바람이 원심력에 의해 흩어지지 않고 끝없이 순환하도록 주변에 공기순환통을 배치하는 방식으로 태풍 발전기 주변을 창조하면, 한번 회전하기 시작한 태풍 발전기는 영원히 회전을 계속하며 전기를 생산하게 될 것이다.

이렇게 태풍이 소멸하거나 약해지는 요소가 제거된 태풍 발전기는, 태풍의 원리로 무한한 전기에너지를 끝없이 생산하게 되는데, 그 원리를 조금 더 구체적으로 살펴보면,

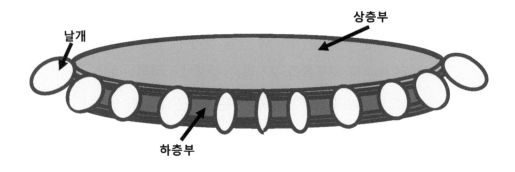

❖ 그림 9, **태풍발전기의 핵**

지름 2m 크기의 태풍핵을 창조하려면, 〈그림 9〉처럼 지름 2m 크기의 고정된 하층부의 둥근 금속판과 회전하는 상층부의 둥근 금속판을 약간의 간격을 두고 설치하고, 상층부 금속판은

온도를 낮추고 하층부 금속판은 온도를 높이면, 두 판 사이에 존재하는 공기의 상층부는 차가워져 아래로 하강하며 응축되고, 하층부의 공기는 뜨거워져 상승하며 발산하게 된다. 따라서 중심의 기압이 낮아져 구심력이 발생하므로, 태풍핵이 창조된다.

이렇게 태풍핵이 창조되면, 핵 주변에서 발산하는 뜨거운 공기는 핵을 축으로 코리올리 효과에 의해 강하게 소용돌이치며 상승하며 원심력이 발생하므로, 태풍주변이 창조된다.

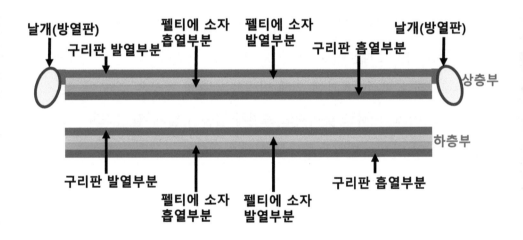

❖ 그림 10, **상층부와 하층부 판의 단면도**

태풍핵에서 회전하는 상층부 판의 온도를 계속 낮게 유지하는 것이 기술적으로 어려운 과제다.

하지만 〈그림 10〉처럼 서로 다른 금속을 접속한 소자에 전류를 흘리면 그 접점에서 발열(發熱) 또는 흡열(吸熱) 작용이 일어나는 '펠티에(Peltier)효과'가 큰 소자로 상층부와 하층부 판을 제작하고, 그 주변을 열전도율이 높은 구리판으로 감싸면 이 문제는 어렵지 않게 해결될 것이다.

펠티에 소자에 건전지로 약간의 전류만 흘려도, 전류가 흐르는 방향에 따라 펠티에 소자의 흡열 부분은 영하 수십도 이하로 차가워지고, 발열 부분은 영상 수십도 이상으로 뜨거워져, 발열 부분의 구리판 온도는 높아지고, 흡열 부분의 구리판 온도는 낮아지기 때문이다.

그러나 펠티에효과에 의해 발생하는 흡열 현상은, 온도가 영하 수십도 이하로 낮아져도 표면에 얼음이 얇게 얼 정도로 그 영향이 미치는 범위가 좁다는 한계가 있다.

따라서 상층부와 하층부를 가능한 최대한 밀착한 상태로 약간의 간격을 두고 서로 마주 보도록 배치해야만 태풍핵에 강한 구심력이 발생할 것이다.

또한, 상층부 흡열 부분의 온도를 더욱더 차갑게 하려면, 상층부 발열 부분을 강제로 방열(放熱)하여 온도를 낮추어야만 한다. 따라서 〈그림9〉와 〈그림10〉처럼 상층부 발열 부분의 구리판에 날개를 붙이면, 바람에 의해 회전하는 날개는 방열판의 역할을 하여 발열 부분의 온도를 낮추고, 그에 비례하여 흡열 부분의 온도는 더욱더 낮아지며, 방열판에서 온도를 흡수한 공기는 더 뜨거워지므로 태풍 발전기는 더 효율적으로 작동하게 될 것이다.

태풍핵의 펠티에 소자에 전기를 공급하면, 마주 보고 있는 상층부 흡열 부분은 서서히 차가워지고, 하층부 발열 부분도 서서히 뜨거워진다. 그에 따라 태풍핵의 기압이 천천히 낮아지고 구심력은 서서히 강해진다. 따라서 주변의 공기는 처음에는 느리게 회전하며 상층부 판의 날개를 천천히 돌리게 된다.

하지만 태풍핵 주변에 〈그림 11〉처럼 설치한 폐쇄형 공기순환통에 의해, 날개를 회전시킨 뜨거운 공기는 온도와 속도를 그대로 유지한 채 원형으로 휘감아 돌아 다시 태풍핵 주변으로 돌아와, 태풍핵의 구심력에 의해 점점 더 빠르게 회전하고 순환하기를 반복하게 된다. 그것은 우주선이 거대한 중력을 지닌 행성 주변을 공전하며 속도를 높이는 것과 같은 원리다.

이렇게 뜨거운 공기는 흩어지지 않고 끊임없이 회전하고 순환하며 속도를 높이므로, 시간이 지날수록 공기가 소용돌이치는 속도는 빨라지는데, 그 속도의 한계는 태풍핵의 구심력이 어느 정도 강한지에 따라 결정될 것이다.

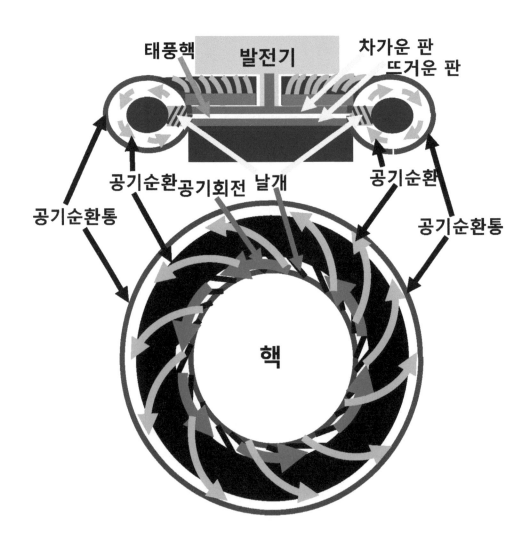

❖ 그림 11, 태풍 발전기의 입면과 평면 단면도

또한, 공기순환통과 날개를 제트엔진의 원리로 제작하면, 공기가 소용돌이치는 속도는 더욱 빨라지므로, 태풍 발전기의 효율은 최대치로 높아질 것이다.

따라서 핵 지름 2m 크기의 태풍 발전기를 사용하면, 적어도 수천 가구 이상에 충분한 양의 전기에너지를 환경에 어떤 부담도 주지 않고, 거의 무료로 공급하게 될 것이다.

플라즈마 엔진

구심력은 중력이고, 원심력은 반중력이다. 중력은 핵의 구심력이 우주에 가득한 무한한 생각을 끌어당기는 힘이고, 반중력은 주변의 원심력이 무한한 생각을 밀어내는 힘이기 때문이다.

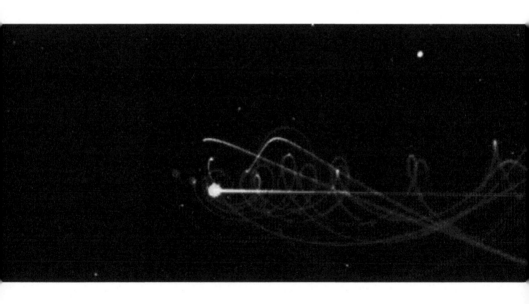

❖ 그림 12, 초속 230km 공전하는 태양계

이는 태양이 끝없이 블랙홀 주변을 공전하며 소용돌이치는 현상을 관찰하면 알 수 있다. 〈그림 12〉처럼 태양은 선두에서 초속 230km의 속도로 블랙홀 주변을 공전하고, 행성들은 태양 주변을 공전하며 태양을 뒤쫓는다.

따라서 태양이 진행하는 앞부분에는 태양의 구심력이 우주에 가득한 생각을 끌어당기는 중력이, 뒷부분에는 행성들의 원심력이 생각을 밀어내는 반중력이 동시에 작용하여, 태양계를 앞에서 끌고 뒤에서 밀게 된다. 그 힘으로 태양계는 언제나 일정한 속도를 유지하며 앞으로 내달려, 블랙홀의 중력을 이겨내고 끝없이 공전한다.

그러나 태양의 생명력이 다해 죽으면, 구심력과 원심력이 약해져 시간이 지날수록 속도가 떨어지므로, 결국 태양계는 블랙홀로 추락하여 사라지게 된다.

그러므로 구심력과 원심력으로 중력과 반중력을 창조하면, 제자리에서 뜨는 자동차, 빛의 속도로 나는 우주선, 공중에 떠 있는 도시 등으로 우주 문명 시대를 열게 될 것이다.

이미 외계행성의 고도로 진화한 생명체들은 중력과 반중력으로 추진되는 소용돌이 형태의 비행체를 타고 우주를 누비고 있는데, 그들은 어떤 원리로 반중력 우주선을 창조했을까?

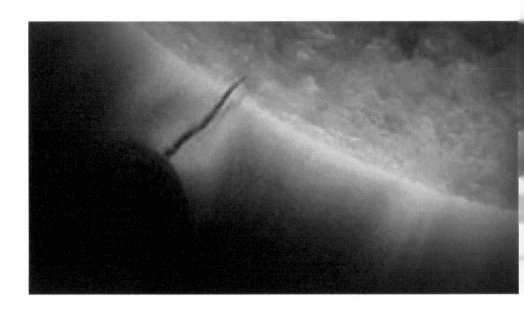

❖ 그림 13, **태양에서 플라즈마를 채취하는 행성형 UFO**

〈그림 13〉은 태양관측위성 SDO가 2012년 3월 9일 오후 10시부터 12일 새벽 1시까지 27시간 동안 촬영한 것으로, 미국항공우주국 나사(NASA)가 공개한 영상이다.

영상에서 태양에 접근한 지구 10배 크기의 행성 형태의 UFO는, 촉수를 뻗어 태양에서 27시간 동안 무엇인가를 채취한 후, 엄청나게 빠른 속도로 태양에서 멀어졌다.

그 외에도 태양의 전면을 한순간에 가로지르거나, 태양 내부로 진입했다가 10초 만에 반대 방향으로 빠져나오는 등의 다양한 형태의 UFO가 태양관측위성에 포착되고 있다.

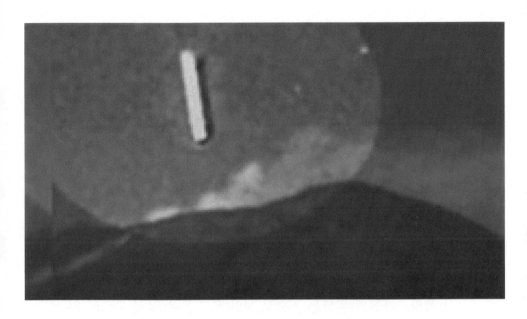

❖ 그림 14, **화산으로 들어가는 원통형 UFO**

또한, 〈그림 14〉는 원통형 UFO가 폭발하는 멕시코의 포포카
테페틀 화산의 분화구로 드나드는 장면인데, 이외에도 다양한
형태의 UFO가 폭발하는 화산의 분화구로 드나드는 장면이 수
없이 목격되고 있다.

태양에 접근한 UFO는 반중력으로 정지한 상태에서 플라즈마
를 채취한 후 더 강한 반중력으로 태양의 중력에서 빠르게 벗어
난 것으로 보인다. 태양 표면에는 고온의 플라즈마 기체 이외의
다른 물질은 존재하지 않기 때문이다.

또한, 원통형 UFO가 화산분화구로 드나드는 것은, 플라즈마 상태의 용암을 채취하기 위한 것으로 보인다. 폭발하는 화산에서는 끓는 용암 외에는 다른 물질을 찾아보기 어렵기 때문이다. 그리고 원통형 UFO는 〈그림 5〉의 인간의 육체처럼 여러 개의 핵이 중첩하여 존재하는 우주선으로 보인다.

그들은 무엇 때문에 태양과 화산에서 플라즈마를 채취하는 것일까?

그들은 우주선의 핵 구심력을 보충하기 위해 태양과 화산에서 플라즈마를 채취하는 것으로 보인다. 그들은 양성(陽性)의 원자핵들로 구성된 플라즈마를 핵으로 우주선 중심에 배치하고, 그 주변에 음성(陰性)의 전자들이 소용돌이치게 함으로써 중력과 반중력을 창조하는 것으로 추정된다.

그러므로 인류도 우주선 추진체의 핵에는 양성의 플라즈마를, 주변에는 전자들을 서로 연동되어 작동하도록 배치하면, 반중력 우주선을 제작하게 될 것이다. 반중력 우주선의 방향과 속도는 플라즈마 핵과 주변 전자들의 상대적 위치와 자전과 공전의 방향·궤도·속도등으로 조율될 것인데, 자이로스코프(gyroscope) 원리는 그 기초 이론으로 보인다. 따라서 이를 응용하여 발전시키면, AI 컴퓨터로 반중력 우주선을 제어하는 것은 그리 어렵지 않을 것이다.

    또한, 플라즈마 핵과 연동되어 그 주변에서 회전하는 전자는 전기에너지 그 자체이다. 전기는 전자들의 일관된 흐름이기 때문이다.

    그러므로 플라즈마 엔진은 플라즈마 발전기이기도 하다. 따라서 플라즈마 발전기를 이용하면, 별도로 발전기를 설치하지 않아도 무한한 전기에너지를 얻을 수 있으므로 플라즈마 우주선의 에너지 문제는 더욱더 완벽하게 해결될 것이다.

    핵 원리는 통합적이고 단순하며 효율적이다. 핵 원리로 작동하는 태풍 발전기는, 핵 주변에서 소용돌이치는 바람만으로 발전기를 돌려 무한한 전기에너지를 생산하므로, 화석연료와 그 연소장치가 불필요하다.

    그리고 그보다 더 고차원적인 플라즈마 발전기는, 발전기가 없어도 플라즈마 핵의 구심력에 의해 전자가 소용돌이치는 흐름만으로 무한한 전기에너지를 생산한다.

    그러나 핵 원리를 이해하지 못하는 기존 과학은, 화석연료 또는 핵분열로 뜨거운 열을 일으키고, 그 열로 물을 끓이며, 끓는 물에서 발생한 수증기의 팽창력으로 발전기를 돌려 전기에너지를 생산하는 낡은 시스템에 오랫동안 머물러 있다.

그리고 지금은 핵융합을 일으킬 정도로 기술이 발전했음에
도, 여전히 핵융합 시 발생하는 뜨거운 열로 물을 끓여 발전기
를 돌려 전기에너지를 생산하려고 한다.

지구에서 인공적으로 핵융합을 일으키려면, 1억℃ 이상의 초
고온이 필요하다. 지구에는 태양의 중심핵처럼 높은 압력이 존
재하지 않기 때문이다.

그래서 과학자들은 1억℃에 이르는 초고온의 플라즈마를 자
기장으로 가두는 토카막(Tokamak)이라는 도넛형 장치를 개발했
지만, 아직도 1억 도의 초고온을 1분 이상 유지하지 못해 지금
까지 핵융합 발전은 상용화되지 못하고 있다.

그러나 단순히 플라즈마 상태를 유지하는 것은 그렇게 높은
온도가 필요하지 않다.

이는 플라즈마로 가득한 태양 표면의 온도가 6,000℃이고, 용
암 온도가 1,200℃인 것을 보아도 알 수 있다. 따라서 플라즈마
핵은 지금의 기술로도 쉽게 제작할 수 있을 것이다.

플라즈마 핵에 존재하는 원자핵들은 플라즈마 상태를 유지하
고, 그 주변의 전자는 플라즈마 상태에서 벗어나 플라즈마 핵의

구심력과 연동되어 존재하는 것이, 플라즈마 엔진과 발전기의 핵심 기술이 될 것으로 보인다.

원자핵들이 플라즈마 상태를 유지하려면 적어도 1,200℃ 이상 고온 상태로 존재해야 하고, 주변의 전자가 플라즈마 상태에서 벗어나려면 상온에서 존재해야 한다. 왜냐하면, 전자가 존재하는 공간에도 높은 열이 가해지면, 에너지 준위가 높아진 전자는 핵의 구심력을 벗어나 플라즈마 상태로 자유롭게 존재하므로 그것을 제어할 수 없기 때문이다.

수많은 원자핵이 플라즈마 상태로 핵에 뭉쳐 존재하면, 원자핵들의 구심력은 하나로 합쳐지게 되므로, 질량에 비례하여 핵 구심력도 커진다. 따라서 일정 질량 이상의 플라즈마 핵 주변에서, 전자가 끌려 들어가지 않고 그 주변에서 핵과 연동되어 존재하려면, 핵에서 수 미터 혹은 수십 미터 이상은 떨어져야 할 것이다. 따라서 플라즈마 핵과 주변의 전자들이 서로 다른 온도에서 존재하게 하는 것은, 그리 어려운 과제는 아닐 것이다.

이렇게 서로 다른 온도에서 플라즈마 핵과 주변의 전자들이 서로 연동되어 존재하는 일정 범위의 궤도에 전자를 배치하고, 플라즈마 핵과 주변 전자의 자전과 공전의 방향·궤도·속도 등을 전자기력으로 조율하는 장치를 설치하면, 일관된 전자의 흐름과 반중력을 얻을 수 있는데, 그것이 플라즈마 발전기와 플라즈마 엔진의 기초 원리가 될 것이다.

신들은 플라즈마 발전기를 선호한다. 그것은 그들이 모든 별과 행성의 에너지를 플라즈마 발전기 원리로 생산하도록 창조한 걸 보면 알 수 있는데, 그것은 지구도 마찬가지다.

〈그림 15〉처럼 내핵과 외핵을 합친 반지름은 3,486km로 지구 반지름의 55%를 차지할 정도로 크다. 높은 압력에 의해 고체 상태로 존재하는 지구 내핵의 온도는 태양 표면과 비슷한 5,400℃이고, 액체 상태인 지구 외핵의 온도는 2,885℃이다. 따라서 내핵과 외핵에서 대부분 원소는 플라즈마 상태로 존재한다.

그에 반해 지각 하부의 온도는 35℃이고, 맨틀(mantle) 상층과 하층 사이의 온도는 700℃이며, 상부 맨틀과 지각의 두께는 1,000km 정도이다.

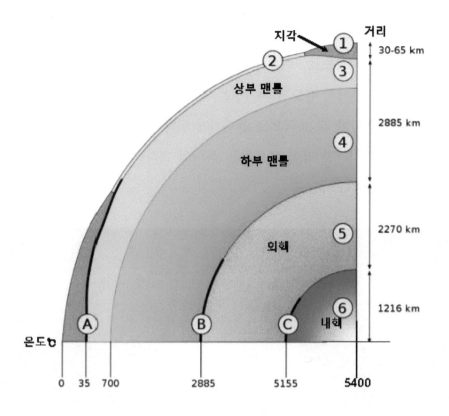

✤ 그림 15, **지구 단면도**

　따라서 상온 상태인 상부 맨틀과 지각에 존재하는 전자들은, 지구 핵과 연동되어 지구 자전과 같은 방향인 서쪽에서 동쪽으로 지구 핵 주변을 공전할 것이다. 그것은 바닷물과 바람이 지구 자전의 영향으로 서에서 동으로 흐르는 것을 보면 알 수 있다. 따라서 전자의 흐름과 반대 방향인 동에서 서로 전류의 흐름이 발생하는데, 이를 동양에서는 기(氣)라고 한다.

이렇게 〈그림 16〉처럼 지각과 상부 맨틀에는 동에서 서로 전류가 순환하므로, 전류가 흐르는 코일에 자기장이 유도되듯이 지구 전류에서 유도된 자기장은, 남극에서 발산하여 지구를 감싸고 순환한 후 북극으로 들어가게 된다. 이렇게 지구는 전기가 흐르고 자기장 막이 보호하는 하나의 커다란 자석으로 존재하게 되었다.

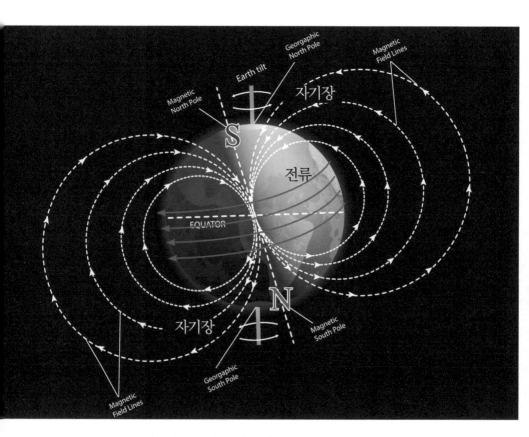

❖ 그림 16, **지구 전류와 자기장이 흐르는 방향**

기존 과학은 지금까지 지구 자기장이 발생하는 원리를 명확하게 설명할 수 없었다. 지구가 거대한 플라즈마 발전기라는 사실을 몰랐기 때문이다. 하지만 지구는 플라즈마 발전기의 원리로 무한한 전기에너지를 생산하여, 그 힘으로 자기장을 발생시키고 물과 바람을 순환하게 하며 우주선을 차단함으로써 모든 생명을 부양하고 있다.

다가올 미래의 인류는 지구 플라즈마 발전기를 자유로이 이용하고, 같은 원리로 지구 핵 온도를 조율함으로써 생명의 어머니인 지구를 돌볼 것이다.

그러므로 지구촌의 모든 국가와 기업들이 힘을 합쳐 핵 원리로 작동하는 태풍 발전기와 플라즈마 발전기를 대량으로 생산하여 전 인류가 사용하면, 에너지와 지구온난화는 물론 전쟁과 기아 등 인류가 봉착한 수많은 문제는 한순간에 해결될 것이다.

또한, 단순하고 효율적인 플라즈마 엔진으로 날아다니는 자동차와 우주선으로, 인간의 위대함과 우주의 장대함을 체험하게 되므로 서로 싸우며 살아갈 이유가 사라지게 될 것이다.

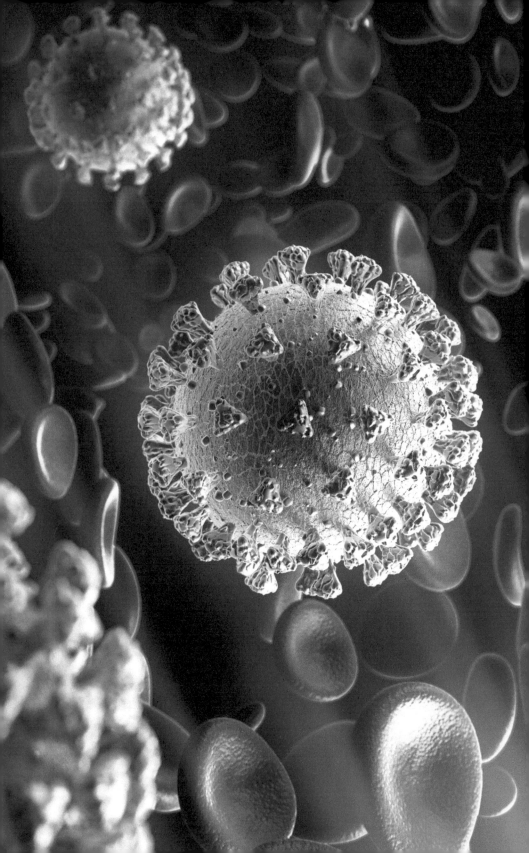

제4장

핵 의학

단순한 핵 의학은 핵 워터와 핵 푸드로 혈액의 미네랄발란스를 이루게 함으로써 모든 질병을 한꺼번에 치유한다. 따라서 혈액을 산성화시켜 질병을 치유하는 어리석은 치료법은 사라지고, 식품으로 모든 병을 치료하는 시대가 열릴 것이다. 이제 암도, 새로운 바이러스를 비롯한 어떤 질병도 두렵지 않게 된다. 그냥 핵 용액을 섭취하거나 수액으로 투입하면 어떤 질병이든 그것을 극복하기 때문이다. 따라서 모든 사람은 자기 몸의 최고 전문가가 된다.

세포핵 구심력

몸은 전체 세포의 총합이다. 인간의 몸은 평균 60조에서 100조 개 정도의 세포로 이루어진다. 따라서 몸의 생명력이 강해지려면 몸을 구성하는 모든 세포핵 구심력이 강해져야 한다.

세포핵 구심력이 강하면, 세포는 소용돌이 형태로 존재하고 핵 원리로 작동하므로 생명력이 강해진다. 하지만 세포핵 구심력이 약하면, 세포는 찌그러지고 핵 원리로 작동할 수 없으므로 생명력이 약해진다.

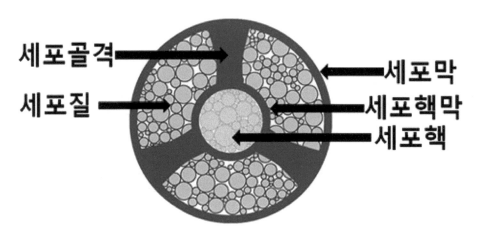

❖ 그림 17, **세포의 구조**

세포의 기본적인 구조를 〈그림 17〉로 표현해 보았다. 세포핵·세포핵막·세포질·세포골격·세포막으로 이루어진 소용돌이 형태의 생명체다. 세포의 형태는 수없이 다양하지만, 모든 세포는 핵·핵막·질·골격·막의 구조로 이루어진 소용돌이 형태라는 점은 공통적이다.

달걀은 하나의 거대한 세포다. 따라서 달걀의 구조와 세포의 구조는 같다. 달걀의 '노른자'는 세포핵이고, '흰자'는 세포질이며, '노른자를 감싸고 있는 얇은 막'은 세포핵막이다. 외부의 '딱딱한 껍질 밑의 얇은 막'은 세포막이며, '달걀끈'이라 불리는 '달걀골격'은 '세포골격'이다.

부드러운 지질 성분으로 이루어진 세포핵막·세포막·세포골격은 노른자막·달걀막·달걀끈처럼 세포의 중심을 잡아주고 세포의 형태를 유지한다.

세포핵은 달걀의 노른자처럼 '노란색의 액체 상태 물질'이고, 세포질은 달걀의 흰자처럼 '투명한 액체 상태 물질'이다. 세포핵과 세포질의 색깔이 다른 것은 서로 다른 원소들로 구성되기 때문이다.

세포는 수많은 원소로 이루어진다. 하나의 세포는 수천억 개에서 수천조 개의 원소로 이루어진다. 세포에서 원소들은 주로 이온 상태로 존재한다. 다른 원소와 서로 얽혀있는 분자 상태가 아닌 독립적인 원소 상태로 존재하는 것이다. 그렇다고 원소들이 제멋대로 존재하는 것은 아니다. 모든 원소는 각자 자기 자리를 지키며 다른 원소들과 유기적으로 연결되어 존재한다.

92종의 자연적인 원소가 존재하고, 그중 수소(H)·산소(O)·탄소(C)·질소(N)를 제외한 나머지 모든 원소를 미네랄 원소라고 한다. 따라서 자연적인 미네랄 원소는 총 88종이다.

모든 미네랄 원소는 수소·산소·탄소·질소보다 강한 생명력을 지닌다. 미네랄 원소는 호르몬 등을 구성하는 필수재료이자, 세포의 형태와 기능을 결정짓는 중요한 요소이기 때문이다.

세포핵에서는 구심력이, 세포질에서는 원심력이 발생한다. 따라서 세포핵의 구심력이 강해지려면, 세포를 구성하는 요소 중 생명력이 강한 미네랄 원소들은 세포핵에, 생명력이 약한 일반 원소들은 세포질에 소용돌이 형태로 정렬되어야 한다.

실제로 달걀노른자에는 생명력이 강한 미네랄 원소들 대부분과 다양한 비타민이 집중적으로 존재하고, 흰자에는 생명력이 약한 성분들이 주로 존재한다. 달걀노른자처럼 세포핵에도 생명력이 강한 미네랄 원소들과 각종 비타민이 집중적으로 존재하고, 세포질에는 생명력이 약한 성분들이 주로 존재한다.

이곳에서는 세포핵에 존재하는 미네랄 원소를 중심으로 논리를 전개한다. 왜냐하면, 비타민C를 제외한 모든 비타민은 몸에서 만들어지고, 세포핵 구심력의 강·약은 미네랄 원소가 좌우하기 때문이다.

모든 세포는 혈액 속에서 살아간다. 모든 세포는 혈액을 통해 각종 미네랄 원소들과 영양물질, 산소 등을 받아들이고, 배설물과 이산화탄소 등은 외부로 배출한다.

그러므로 모든 세포핵의 구심력이 강해지려면, 혈액에 모든 종류의 미네랄 원소들이 균형을 유지하며 충분히 존재해야 한다.

혈액에 모든 종류의 미네랄 원소들이 균형을 유지하며 충분히 존재하면, 혈액 속에 존재하는 미네랄 원소들은 저절로 모든 세포핵으로 들어가 균형을 유지하며 자리 잡게 되므로, 모든 세포핵의 구심력은 강해진다.

이렇게 혈액에 모든 종류의 미네랄 원소들이 균형을 유지하며 충분히 존재하는 상태를 '혈액의 미네랄발란스가 이루어졌다'라고 표현하기로 한다.

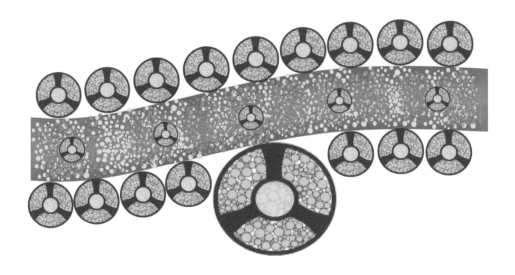

❖ 그림 18, **미네랄 원소들이 충분히 존재하는 혈액으로 구심력이 강해진 세포들**

혈액의 미네랄발란스가 이루어지면, 저절로 모든 세포핵에는 〈그림 18〉처럼 생명력이 강한 미네랄 원소들(노란색)이, 모든 세포질에는 생명력이 약한 일반 원소들(하늘색)이 정렬되고, 불순물은 세포 내부에 존재할 수 없으므로 세포핵의 구심력은 강해진다.

구심력이 강해진 세포는 소용돌이 형태로 존재하고 핵 원리로 작동하므로, 세포 생명력은 최대치로 강해진다. 생명력이 최대치로 강해진 세포는, 모든 세균·바이러스·암세포 등의 공격을 이겨내게 된다. 이렇게 생명력이 강한 세포는, 프라이팬 위에 떨어지면 노른자를 중심으로 뭉치는 달걀처럼 탄력적인 것이 특징이다.

그러나 혈액에 일부 미네랄 원소들만 존재하거나 그 양이 충분하지 않으면, 모든 세포핵으로 충분한 미네랄 원소들이 들어가 자리 잡을 수 없으므로, 세포핵 구심력은 약해진다.

이렇게 혈액에 미네랄 원소들이 균형을 잃은 상태로 존재하는 것을 '혈액의 미네랄발란스가 무너졌다.라고 표현하기로 한다.

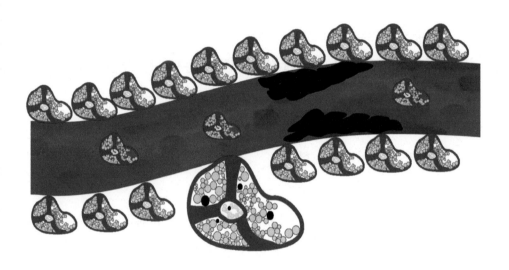

❖ 그림 19, 미네랄 원소들이 부족한 혈액과
구심력이 약해 찌그러진 세포들

혈액의 미네랄발란스가 무너지면, 〈그림 19〉의 세포처럼 세포핵과 세포질에는 미네랄 원소들(노란색)과 일반 원소들(하늘색) 그리고 불순물(검은색)이 뒤섞여 존재하므로 세포핵의 구심력은 약해진다.

따라서 세포는 찌그러지고, 핵 원리로 작동할 수 없으므로, 생명력은 약해지게 된다. 생명력이 약한 세포에는 수많은 세균·바이러스·암세포가 침입하여 각종 질병을 일으키게 된다. 이렇게 생명력이 약한 세포는, 프라이팬 위에 떨어지면 넓게 퍼지며 노른자가 깨지는 달걀처럼 탄력이 없는 것이 특징이다.

이렇게 혈액의 미네랄발란스와 세포핵의 구심력은 밀접한 관련성을 지니게 된다. 그런데 왜 세포핵에 존재하는 각종 미네랄 원소들이 미네랄발란스를 유지하면 세포핵의 구심력이 강해질까? 이를 이해하려면 세포핵에 자리 잡은 미네랄 원소들이 수행하는 기능을 이해해야 한다.

모든 미네랄 원소는 살아있는 독존적인 생명체로서 저마다 생명력 파동을 끌어당겨 증폭하여 발산한다. 미네랄 원소는 그 종류에 따라 끌어당겨 발산하는 생명력 파동 주파수가 다르고, 그에 따라 세포에서 서로 다른 기능을 수행한다. 칼슘(Ca), 칼륨(K), 마그네슘(Mg), 나트륨(Na), 금(Au) 등의 미네랄 원소들은 발산하는 파동 주파수에 따라 세포에서 저마다 다른 역할을 담당하는 것이다.

세포는 특정 기능을 수행할 때마다 그 기능을 보유한 미네랄 원소의 생명력 파동을 사용한다. 예컨대 백혈구 세포가 세균이나 암세포를 죽일 때는 나트륨의 생명력 파동을 사용하고, 심장 세포가 수축할 때는 칼슘의 팽창할 때는 마그네슘의 생명력 파동을 사용한다. 또한, 간세포가 독소를 해독하거나 신장 세포가 요산을 분해할 때는 산소와 함께 여러 가지 미네랄 원소의 생명력 파동을 복합적으로 사용한다.

이렇게 세포가 어떤 기능을 발휘하려면 반드시 특정 미네랄 원소의 생명력 파동을 사용해야만 하는 것은, 미네랄 원소마다 발산하는 생명력 파동 주파수가 다르고, 주파수에 따라 그 기능도 달라지기 때문이다.

고도로 진화한 인간의 세포는 수많은 기능을 수행하고, 다양한 느낌·생각·감정을 느끼고 표현한다. 따라서 그때마다 그에 맞는 생명력 파동을 발산하는 미네랄 원소를 사용해야만 한다.

그러므로 인간의 몸에는 모든 종류의 자연적인 미네랄 원소가 골고루 충분히 존재해야 하고, 그중 80여 종의 미네랄 원소는 일상생활을 영위할 때 반드시 있어야만 하는 필수 미네랄 원소다. 필수 미네랄 원소가 부족하면 세포가 제 기능을 발휘하지 못하므로, 몸은 일상생활을 하는 데 어려움을 겪게 된다.

세포가 미네랄 원소의 생명력 파동을 사용하면, 생명력 파동을 제공한 미네랄 원소는 보유하던 고유의 생명력 파동을 잃는다. 그러면 세포는 생명력 파동을 상실한 미네랄 원소를 내보내고, 생명력 파동을 지닌 새로운 미네랄 원소를 받아들인다.

예를 들어, 심장 세포가 칼슘과 마그네슘의 생명력 파동으로 심장을 수축하고 팽창시키면, 그 과정에서 사용된 칼슘과 마그네슘은 고유의 생명력 파동을 소진하므로 그 기능을 잃는다. 그러면 심장 세포는 생명력 파동을 소진한 칼슘과 마그네슘을 혈액과 소변을 통해 외부로 내보내고, 혈액에서 생명력 파동을 지닌 새로운 칼슘과 마그네슘을 받아들인다.

그러므로 세포핵이 강한 구심력을 유지하려면, 몸은 미네랄 원소들을 꾸준히 섭취하여 혈액에 공급하여 언제나 혈액의 미네랄발란스가 이루어지게 해야 한다.

❖ 그림 20, **두 개의 파동이 서로 간섭을 일으키는 물결**

　서로 다른 파동들이 만나면 〈그림 20〉처럼 하나의 파동으로
합쳐져 더 강하게 진동하거나 더 약하게 진동하게 된다. 이렇게
파동들이 만나 그 파동이 더 강해지는 것을 '보강간섭'이라 하
고, 더 약해지는 것을 '상쇄간섭'이라고 한다.

　세포에 존재하는 다양한 종류의 미네랄 원소들은 서로 다른
주파수대의 생명력 파동을 발산한다. 따라서 미네랄 원소들이
발산하는 생명력 파동들은 서로 만나 보강간섭 또는 상쇄간섭
을 일으키며 진동하게 된다.

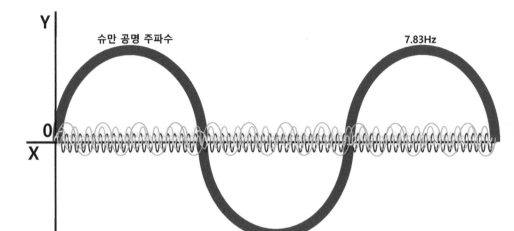

❖ 그림 21. 개별적인 미네랄 원소 주파수와 7.83Hz 슈만 공명 주파수

혈액의 미네랄발란스가 이루어지면, 세포핵을 구성하는 수조 또는 수십조 개의 미네랄 원소들의 생명력 파동은 서로 보강간섭을 일으키며 〈그림 21〉처럼 강력한 '7.83Hz 슈만 공명주파수(Schumann Resonance frequency)'로 진동하게 된다.

이렇게 모든 종류의 미네랄 원소들의 생명력 파동이 보강간섭을 일으키면 7.83Hz로 진동하는 것은, 지구와 바다의 파동 주파수가 7.83Hz이고, 인간이 뭔가에 몰입했을 때 발산하는 뇌파의 평균 주파수 역시 7.83Hz이며, 모든 종류의 미네랄 원소들의 파동 주파수의 최소공배수를 구하면 7.83Hz가 도출되는 것을 보아도 알 수 있다.

그러나 혈액의 미네랄발란스가 무너지면, 세포핵을 구성하는 모든 종류의 미네랄원소들의 생명력 파동은 서로 상쇄간섭을 일으키므로 미약한 파동으로 진동하게 된다.

따라서 미네랄발란스가 이루어진 혈액에서 존재하는 세포와 미네랄발란스가 무너진 혈액에서 존재하는 세포가 발산하는 생명력 파동의 세기는 엄청난 차이가 나게 된다.

A, B, C 파동이 보강간섭을 일으키며 하나로 통합된 D 파동은, A·B·C 파동을 포괄하므로 A 파동이자, B 파동이며, C 파동이다. 따라서 슈만 공명주파수는, 모든 개별적인 미네랄 원소 파동을 포괄하므로 모든 개별적인 미네랄 원소 파동이기도 하다.

그러므로 미네랄발란스가 이루어진 혈액에서 구심력이 강한 세포는, 가장 효율적으로 작동하게 된다. 세포는 슈만 공명주파수만으로 모든 기능을 수행할 수 있기 때문이다. 면역세포가 세균·바이러스·암세포(이하 '세균·바이러스·암세포'를 '세균 등'이라 한다)를 제거하든, 심장 세포가 수축하고 팽창하든, 간세포가 독소를 분해하든, 신장 세포가 요산을 분해하든, 그 외의 어떤 세포가 어떤 기능을 수행하든, 하나의 강력한 슈만 공명주파수로 세포는 모든 기능을 완벽히 수행하게 된다.

A, B, C 파동이 보강간섭을 일으키며 하나로 통합된 D 파동은, 개별적인 A·B·C 파동을 하나로 통합한다. 슈만 공명주파수의 통합력은, 수많은 원소를 결합하여 세포를 창조하는 힘이자, 수많은 세포를 결속하여 하나의 몸을 형성하는 힘이기 때문이다.

그러므로 미네랄발란스가 이루어진 혈액에서 구심력이 강해진 세포는, 쉽게 하나로 통합된다. 따라서 두 개의 생명체가 하나로 통합되어 새로운 생명체를 창조하려면, 반드시 슈만 공명주파수의 통합력이 존재해야만 한다.

예를 들어 정자와 난자가 합쳐져 하나의 세포를 창조하려면, 슈만 공명주파수로 함께 진동해야만 하는데, 실제로 불임부부의 난자와 정자의 인공수정이 이루어지지 않는 경우, 슈만 공명주파수의 영향이 미치는 범위에서 인공수정을 시도하면 성공하게 된다.

또한, 장기이식 수술의 경우에도 슈만 공명주파수의 범위에서 시행하면 쉽게 성공하고, 일반적인 수술을 받고 회복하는 환자도 슈만 공명주파수의 범위에서 생활하면 수술 상처는 빠르게 회복된다.

슈만 공명주파수는, 모든 해로운 세균 등이 발산하는 파동을 제거한다. 통합하는 힘인 슈만 공명주파수는 (+)극이고, 분열하는 힘인 세균 등이 발산하는 파동은 (-)극이기 때문이다.

강력한 슈만 공명주파수의 (+)극 파동은, 세균 등의 미약한 (-)극 파동을 압도하는 것을 넘어, 파동의 진원지인 세균 등의 분자구조를 전자기력으로 파괴하여 원소 차원으로 분해한다. 따라서 모든 세포의 미네랄발란스가 이루어지면, 몸에는 어떤 세균·바이러스·암세포도 존재할 수 없게 된다.

또한, 슈만 공명주파수는, 화학물질·방사능·마약·알콜 성분에서 발산하는 파동을 제거한다. 화학물질·방사능·마약·알콜 등의 비자연적 분자구조에서 발산하는 파동은, 자연적인 슈만 공명주파수와는 조화를 이루며 존재할 수 없기 때문이다.

따라서 모든 세포의 미네랄발란스가 이루어지면, 화학물질·방사능·마약·알콜 분자의 독성은 저절로 사라지게 된다.

미래에는 혈액의 미네랄발란스를 이루어지게 함으로써, 구심력이 강해진 세포핵에서 발산하는 슈만 공명주파수 파동으로 구심력을 강해지게 하여 모든 질병은 물론 노화와 죽음마저 정복하게 된다. 따라서 미래의 의학을 핵 의학이라고 부르기로 한다.

핵 의학은 강력한 슈만 공명주파수 파동으로, 모든 세균·바이러스·암세포는 물론 화학물질·방사능·마약·알코올까지 한꺼번에 제거하는 방식으로 치료하게 된다. 또한, 강력한 슈만 공명 주파수의 통합력으로 세포가 효율적으로 결합하고 분열하게 하고, 세포가 모든 기능을 완벽하게 수행하게 함으로써 세포와 육체의 생명력을 강해지게 한다.

혈액의 미네랄발란스가 이루어지면 세포핵의 구심력이 강해지는 것은 물론, 혈액과 관련한 모든 질병도 한꺼번에 치유되는데, 이를 이해하려면 원시 바다에서 세포가 창조되고 진화하는 과정을 이해해야만 한다. 왜냐하면, 혈액의 기원은 원시 바닷물이기 때문이다.

혈액은 체액(혈액·림프액·뇌척수액·침 등)의 일종이고, 대부분 체액은 혈액이다. 이곳에서는 설명의 편의상 체액을 혈액이라고 기술하고, 혈액 외의 체액을 언급하는 경우 체액의 구체적인 명칭을 사용하기로 한다.

세포의 창조와 진화

생명의 어머니인 지구는 원시 바다를 창조했다. 원시 바다는 미네랄발란스를 이루고 있었다. 원시 바다는 수십억 년에 걸쳐 지구에 존재하는 모든 종류의 미네랄 원소들이, 지구를 구성하는 비율로 원시 바닷물에 녹아 들어가 만들어졌기 때문이다.

그러므로 미네랄발란스를 이루는 미네랄 원소들의 비율은, 지구를 구성하는 미네랄 원소들의 비율이자, 원시 바닷물을 구성하는 미네랄 원소들의 비율이다.

원시 바다는 생명력의 바다다. 왜냐하면, 미네랄발란스가 이루어진 원시 바다에는 수많은 미네랄 원소들이 발산하는 생명력 파동이, 서로 보강간섭을 일으키며 슈만 공명주파수로 진동하기 때문이다.

신들은 원시 바다에 존재하는 원소들을 지구 자기장의 슈만 공명주파수로 결합하여 소용돌이 형태의 DNA 분자를 창조했고, DNA 분자를 매개로 다양한 유기적 생명체들을 창조했다. 그 생명체들이 '세포'와 '유익한 미생물'이라는 단세포 생명체들이다.

그러므로 원시 바다는 지구의 양수(羊水)다. 신들은 원시 바다에서 오랜 시간에 걸쳐 단세포를 창조·개량·변형·조합·결합하여, 식물·동물·곤충 등 지구에 존재하는 모든 생명체를 창조했다.

원시 바다에서 창조된 세포와 유익한 미생물(이하 '세포와 유익한 미생물'은 '세포 등'이라 한다)은 원시 바닷물에 녹아 있는 산소를 호흡하고, 영양물질을 받아들이는 구조를 지니게 되었다.

따라서 세포 등은 원시 바다를 구성하는 모든 미네랄 원소를 그 비율에 따라 받아들이고, 그것들이 조화롭게 하나로 작동하는 형태와 구조로 진화하게 되었다. 모든 세포 등은 미네랄발란스를 수용하고, 미네랄발란스로 작동하는 시스템을 지니게 된 것이다.

원시 바다에서 태어난 세포 등은 언제나 강력한 생명력을 발산했다. 왜냐하면, 세포 등은 미네랄발란스를 유지하는 원시 바닷물 속에서 존재했으므로, 언제나 세포핵은 강력한 슈만 공명주파수로 진동했기 때문이다.

슈만 공명주파수로 진동하는 원시 바닷물은 언제나 맑고 깨끗했으므로, 그곳에는 세포 등을 부패시키는 세균 등은 존재할 수 없었다. 이는 지금까지 깊은 바닷물이 세균 등으로 인해 부패하지 않는 것을 보아도 알 수 있다.

따라서 세포 등은 기나긴 시간 동안 원시 바다에서, 산소·미네랄 원소·영양물질을 섭취하고, 수없이 분열을 거듭하여 수많은 2세를 남기며 진화할 수 있었다.

분열에 분열을 거듭한 세포 등은 원시 바다를 가득 채웠다. 필연적으로 세포 등은 유기성 영양물질을 얻기 위해 약육강식의 원리에 따라 경쟁하게 되었고, 경쟁에서 이기기 위해 서로 역할을 분담하여 하나의 몸으로 결합하는 방식으로 진화했다.

어떤 세포들은 눈, 다른 세포들은 소화기관, 또 다른 세포들은 아가미로 서로 역할을 분담하는 방식으로 더 크고 효율적인 생명체인 하나의 몸으로 진화한 것이다. 이렇게 세포들이 하나의 몸으로 결합하며 진화할 수 있었던 것도, 우주의 창발 작용이 슈만 공명주파수의 통합력을 통해 이루어졌음은 물론이다.

세포들이 하나의 몸으로 진화해도, 모든 세포는 언제나 원시 바닷물에서만 존재할 수 있다. 왜냐하면, 모든 세포는 슈만 공명주파수로 진동하는 원시 바닷물에서만 생명을 유지할 수 있기 때문이다.

그래서 하나의 몸을 구성한 세포들 사이에는 원시 바닷물이 흐르게 되었는데, 그것이 혈액이다. 그러므로 혈액의 기원은 원시 바닷물이다.

원시 바닷물로 만들어진 혈액은, 미네랄발란스를 이루고 슈만 공명주파수로 진동하므로, 세균이나 바이러스는 존재할 수 없다. 따라서 하나의 몸을 이루는 모든 세포는, 미네랄발란스가 이루어진 혈액을 통해 산소·미네랄 원소·영양물질을 공급받아 생명을 유지하게 되었고, 그에 따라 하나의 몸을 구성하는 세포핵들이 강한 구심력을 들이 유지하는 데에는 어떤 어려움도 없었다.

그렇게 세포는 미네랄발란스를 이룬 원시 바다와 혈액에서, 생명력을 유지하며 수십억 년 동안 수많은 생명체로 창조되고 진화했다.

만일 미네랄발란스가 이루어진 원시 바다나 혈액에 세포를 부패시키는 어떤 것, 예를 들어 단 한 종류의 해로운 세균이나 바이러스가 존재할 수 있었다면, 모든 세포는 진화과정에서 사라졌을 것이고, 생명의 물줄기는 다른 방향으로 이어졌을 것이다.

그 후 세포는 어류, 양서류, 파충류, 조류, 포유류 등의 수많은 종류의 생명체로 창조되고 진화하여 원시 바다를 벗어나 육지로 진출했다. 마침내 생명의 어머니인 지구는 수십억 년에 걸쳐 원시 바다라는 지구의 양수에서 창조하고 진화시킨 생명체를 공기 중으로 출산한 것이다.

지구와 마찬가지로 모든 어머니는 원시 바다와 구성성분이 똑같은 어머니의 양수에서 정자와 난자를 결합하여 하나의 세포를 창조하고 진화시켜 공기 중으로 출산한다. 하나의 세포는 어머니의 양수라는 미네랄발란스가 이루어진 작은 바다에서, 단세포에서 인간에 이르기까지 수십억 년에 걸친 세포의 창조와 진화과정을 아홉 달 동안 압축하여 거친 후, 하나의 몸으로 공기 중으로 나온다.

육지는 공기로 가득하고, 무거운 미네랄 원소는 공기 중에 존재할 수 없다. 그러므로 육지로 진출한 몸은 미네랄 원소를 물과 먹이를 통해서만 얻을 수 있게 되었다.

이제 세포핵 구심력은, 몸이 미네랄 원소를 풍부하게 함유한 물과 먹이를 충분히 섭취하면 강하게 유지할 수 있지만, 그렇지 않으면 약해지며 무너지게 되었다. 따라서 몸은 혈액의 미네랄발란스와 세포핵 구심력을 유지하기 어렵게 되었다.

대륙의 융기 작용으로 바닷물 바깥으로 드러난 육지는, 처음에는 각종 미네랄 원소를 풍부하게 함유한다. 하지만 시간이 지날수록 미네랄 원소는 빗물에 녹아 바다로 돌아가므로 육지의 미네랄 원소 함유도는 떨어진다. 또한, 지구 산성화는 그런 과정을 더 빠르게 한다.

그러므로 육지로 진출한 몸은 물과 먹이를 통해 다양하고 충분한 양의 미네랄 원소를 섭취하기 어려워졌고, 그에 따라 혈액의 미네랄발란스는 무너지게 되었다. 더욱이 육체의 생명 활동은 미네랄 원소를 소비하고 산성 물질을 생성하므로, 혈액의 미네랄발란스는 더욱더 빠르게 무너지며 산성화된다.

산성화된 혈액은 걸쭉하여 미세한 혈관에서 흐르기 어렵고, 산소와 영양성분을 충분히 함유할 수 없다.

혈액의 미네랄발란스가 무너져 산성화됨에 따라, 세포핵의 구심력은 약해졌고 그만큼 세포 생명력도 약해졌다. 산성화된 혈액에서 생명력이 약해진 세포는 혈액의 산성화가 더욱더 심해지자, 일부 세포는 살아남기 위해 암세포로 변했다. 또한, 유익한 미생물 중의 일부도 산성화된 환경에서 살아남기 위해 세균과 바이러스로 변했다.

암세포는 주변의 정상 세포를 암세포로 변이시키고, 세균과 바이러스는 주변의 정상 세포를 산성화시켜 잡아먹는다. 이제 육지에는 미네랄발란스가 이루어진 약알칼리성의 원시 바닷물에서 태어나고 진화한 세포 등과, 미네랄발란스가 무너진 산성화된 환경에서 태어나고 진화한 세균 등이 공존하며 순환하게 되었다.

세포 등은 미네랄발란스가 이루어진 원시 바닷물에서 태어나 그곳에서 살아가므로, 그곳에 존재하는 모든 종류의 미네랄 원소가 조화를 이루는 방식으로 진화한다. 따라서 세포 등은 시간이 지날수록 더욱더 크고 고도로 일체화된 생명체로 진화한다.

그에 반해 세균 등은 미네랄발란스가 무너진 산성화된 환경에서 태어나 그곳에서 살아가므로, 그곳에 존재하는 일부 미네랄 원소들이 조화를 이루는 방식으로 진화한다. 따라서 최대한 진화해도 조그마한 해충이나 기생충 이상의 생명체로 진화할 수 없었다.

산성화된 환경의 유형에 따라 그곳에서 탄생하고 진화한 세균 등의 종류는 다르다. 왜냐하면, 특정한 유형의 산성화된 환경에서 태어난 세균 등은, 그러한 환경을 조성하는 특정한 원소들로만 이루어지고, 그런 원소들이 유기적으로 작동하는 구조와 형태를 지니기 때문이다.

산성화는 미네랄발란스가 무너지며 발생하는 현상이다. 그런데 미네랄발란스가 무너진 유형은 수없이 다양하다. 자연에 존재하는 미네랄 원소의 종류는 88종류이며, 그중 단 한 종류 또는 몇 가지 종류, 혹은 수십 종의 미네랄 원소가 부족하거나 과다해도 미네랄발란스는 무너지기 때문이다. 따라서 미네랄발란스가 무너져 산성화된 유형은 수없이 다양하므로, 그것을 pH 수치로 분류하는 것은 불가능하다.

이렇게 미네랄발란스가 무너져 산성화된 유형이 수없이 다양하므로, 그곳에서 살아가는 세균 등의 종류는 더욱더 수없이 다양하다. 그리고 모든 세균 등은 끊임없이 분화하며 변화하므로 더더욱 많은 종류의 세균 등이 탄생하게 되었다.

모든 생명체는 자신이 처음 태어난 환경과 똑같은 환경에서는 생명력이 강해져 활발하게 활동하며 번식하지만, 다른 환경에서는 생명력이 약해져 힘을 쓰지 못하다가 사멸한다.

세포 등은 미네랄발란스가 이루어진 약알칼리성의 원시 바닷물과 혈액 속에서 태어나고 진화한 생명체다. 그러므로 세포 등은 미네랄발란스가 이루어진 약알칼리성의 원시 바닷물과 혈액 속에서는 생명력이 강해져 활발하게 활동하고 번성하지만, 모든 유형의 산성화된 환경에서는 생명력이 약해지다가 사멸한다.

따라서 세포로 이루어진 모든 생명체를 제거하려면 지구를 산성화시키면 된다. 특히 바닷물이 지금보다 조금만 더 온도가 높아지고 산성화되어 깊은 바닷물까지 녹조·적조 등이 발생하며 오염되면, 세포로 이루어진 모든 생명체는 한순간에 멸종할 것이다.

그에 반해 해로운 세균 등은 다양한 산성화된 환경 중 한 가지 유형에서 태어나고 진화한 생명체들이다. 그러므로 그들이 태어나고 진화한 산성화된 환경과 유사한 산성화된 환경에서는 생명력이 강해져 활발하게 활동하고 번식하지만, 다른 유형의 산성화된 환경 또는 미네랄발란스가 이루어진 알칼리성의 환경에서는 생명력이 약해져 사멸한다.

따라서 지구촌에 존재하는 모든 세균 등을 완전하게 제거하려면, 지구촌 전체를 미네랄발란스가 이루어져 슈만 공명주파수로 진동하는 곳으로 만들면 된다.

혈액의 미네랄발란스

　육체는 혈액이라는 바닷물이 순환하는 작은 바다다. 따라서 몸을 구성하는 세포 등은 물론, 몸 안에 존재하는 모든 세균 등도 혈액이라는 바다에서 살아간다. 그러므로 몸 안에 존재하는 세포 등과 세균 등의 생명력의 강·약은 혈액의 상태에 따라 달라진다.

　원시 바닷물처럼 미네랄발란스가 이루어져 슈만 공명주파수로 진동하는 알칼리성의 혈액에선, 모든 세포핵의 구심력이 강해지므로 세포 등은 번성하지만, 모든 세균 등은 사멸한다.
　그러나 미네랄발란스가 무너져 산성화된 혈액에선, 그에 맞는 세균 등은 생명력이 강해지며 번성하지만, 그에 맞지 않는 세균 등과 모든 세포 등은 생명력이 약해져 사멸한다.
　따라서 몸 안에 존재하는 '특정한 세균 등'을 제거하는 두 가지 방법이 존재한다.

첫 번째는 혈액이라는 작은 바다를, 특정한 세균 등이 살 수 없는 산성화된 환경으로 변화시킴으로써, 특정한 세균 등만 제거하는 방법이다.

기존 의학은 석유화학 물질로 제조한 항생제·항바이러스제·항암제 등의 산성 약물을 투입하여, 혈액을 특정한 세균 등이 살 수 없는 유형으로 산성화시켜, 특정한 세균 등만 제거하는 방법을 사용한다.

산성 약물을 혈액에 투입할수록 혈액은 산성화하고, 그에 적합하지 않은 특정한 세균 등은 일시적으로는 사라진다. 하지만, 시간이 지남에 따라 특정한 세균 등은 변종으로 진화하여 산성 약물로부터 자신을 보호하고, 그런 과정이 여러 차례 반복되면 모든 산성 약물을 이겨내는 슈퍼 세균과 슈퍼 바이러스로 진화한다. 또한, 산성화된 혈액에 적합한 유형의 세균 등은 처음부터 생명력이 강해지며 번성한다. 그리고 모든 세포 등은 생명력이 약해지며 사멸한다.

따라서 이 방법은 특정한 질병의 증상을 일시적으로 나타나지 않게 할 수는 있으나, 그 어떤 질병도 근원적으로 치료할 수 없다. 또한, 시간이 지날수록 세포 등은 사멸하고, 다양한 세균 등은 번성하므로 수많은 고질적인 질병들이 창궐하게 된다.

그리고 새로운 유형의 질병과 그에 대한 진단 방법 그리고 새로운 산성 약물이 수없이 출현하므로, 전문가조차 특정 질병에 대한 진단과 처방은 물론 질병의 이름조차 알 수 없게 되므로, 수많은 불치병과 난치병이 난무하게 된다.

두 번째는 혈액이라는 작은 바다의 미네랄발란스를 이루어지게 하는 단 한 가지 방법으로, 몸 안에 존재하는 모든 해로운 세균 등을 한꺼번에 제거하는 방법이다.

핵 의학은 혈액의 미네랄발란스를 이루어지게 함으로써, 모든 세균 등을 한꺼번에 제거하는 방법을 사용한다. 혈액의 미네랄발란스가 이루어지면, 모든 세포핵은 구심력이 강해지고 슈만 공명주파수로 강하게 진동하므로 세포 생명력이 강해지지만, 모든 종류의 해로운 세균 등은 생명력이 약해지며 사멸하는 단순한 원리를 이용하는 것이다.

그러므로 핵 의학은 질병의 종류에 따라 진단 방법을 달리하고 다른 약을 쓸 이유가 없다. 그냥 몸이 불편하다는 질병의 신호가 있으면, 미네랄발란스를 이룬 물과 식품을 섭취하여, 혈액의 미네랄발란스를 이루어지게 함으로써 모든 질병의 뿌리를 한꺼번에 제거하기 때문이다.

따라서 핵 의학을 사용하면, 시간이 지날수록 모든 세균 등은 사멸하고, 누구라도 쉽고 단순하게 자신의 질병을 치료하므로, 결국 이 세상의 모든 질병은 사라지게 된다.

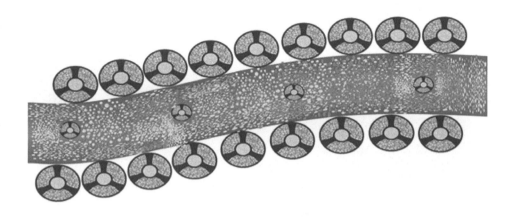

❖ 그림 22, 맑고 밝은 미네랄발란스 혈액과 구심력이 강한 세포들

혈액의 미네랄발란스가 이루어지면, 혈액에는 〈그림 22〉처럼 세포핵을 구성하는 생명력이 강한 수많은 미네랄 원소(노란색)는 미네랄발란스를 이루고, 슈만 공명주파수로 진동한다. 따라서 혈액은 강한 생명력 파동으로 맑고 밝은 빛을 발산하며 많은 산소를 함유하게 된다(맑은 혈액).

그러므로 혈액으로부터 미네랄 원소를 받아들인 모든 세포핵은 구심력이 강해지고 슈만 공명주파수로 진동한다. 따라서 엔트로피는 낮아지고 생명력은 최대치로 강해진다. 하지만 해로운 세균 등은 강력한 슈만 공명주파수에 의해 사멸한다.

또한, 미네랄발란스가 이루어진 혈액은, 약알칼리성으로 맑고 깨끗해 잘 순환하므로, 혈전(어혈)이 생성되지 않고, 혈전으로 막힌 혈관도 뚫린다. 혈전은 산성 물질이기 때문이다.

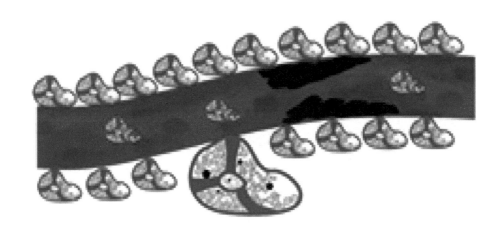

❖ 그림 23, **미네랄발란스가 무너져 어둡고 탁한 혈액과 찌그러진
세포들과 혈관을 막고 있는 혈전**

그에 반해 혈액의 미네랄발란스가 무너지면, 〈그림 23〉처럼 혈
액에 존재하는 미네랄 원소들의 생명력 파동은 서로 상쇄간섭
을 일으킨다. 따라서 혈액은 빛을 잃어 어둡고 탁한 색을 띠게
되며, 산소 함유량은 낮아지게 된다(산성의 탁한 혈액).

그러므로 미네랄발란스가 무너진 혈액을 공급받은 세포는,
세포핵의 구심력이 약해 찌그러지므로 핵 원리는 비효율적으로
작동한다. 따라서 엔트로피는 높아지며, 생명력은 약해진다.

하지만 세균 등은 번성하고, 산성화된 혈액은 걸쭉하여 많은
혈전이 만들어져 혈관을 막으므로 혈액이 제대로 흐를 수 없게
된다.

지구는 산성화되고 있다. 대기는 이산화탄소를 비롯한 온실가스가 증가하며 산성화되고, 대지는 하늘에서 내리는 산성비·화학비료·농약 등의 온갖 화학물질로 산성화되며, 그에 따라 바다도 산성화되고 있다. 산성비는 육지의 미네랄 원소를 녹여 바다로 끌고 가므로, 대지는 더욱더 산성화된다.

물과 대지가 산성화됨에 따라 식물과 동물은 미네랄 원소를 충분히 섭취할 수 없게 되었고, 그런 식물과 동물을 먹고 사는 인간도 미네랄 원소를 충분히 섭취하지 못하게 되었다. 따라서 인간의 혈액은 시간이 지날수록 미네랄발란스가 무너지며 산성화되고 있다.

산성 혈액은 미네랄 원소·산소·영양물질은 부족하고, 활성산소와 화학물질은 많이 존재하며, 세균 등이 번식하기 좋은 환경이다. 따라서 산성 혈액을 공급받은 세포는 생명력이 약해져 찌그러지고, 세균 등의 생명력은 강해지므로, 세균·화학물질·활성산소의 공격을 이겨내지 못한다.

또한, 산성혈액은 혈전을 만들어 혈관을 막는다. 혈전은 미세한 모세혈관부터 굵은 대동맥까지 막는다. 특히 신장과 간의 혈관이 막히면, 많은 수의 신장 세포와 간세포가 기능을 상실하므로, 요산과 독소를 제대로 제거할 수 없게 된다.

강력한 산성 물질인 요산과 독소를 제거하지 못하면, 혈액은 더욱더 산성화되고, 더 많은 혈전이 만들어지므로 더 많은 장기와 조직의 혈관이 광범위하게 막힌다.

혈관이 막힌 부분의 세포는 산소와 미네랄 원소를 거의 공급받지 못하므로 생명력이 더욱더 약해져 찌그러지다가 죽게 되고, 장기와 조직의 기능은 떨어지므로 시간이 지날수록 질병은 깊어지게 된다.

조그마한 여드름부터 각종 암에 이르기까지, 외상 이외의 크고 작은 모든 질병은 혈액의 미네랄발란스가 무너져 산성화되며 시작된다. 혈전이 혈관을 막는 것도, 막힌 혈관이 터지는 것도, 심장이 높은 압력으로 박동하는 것도, 혈액에서 해로운 세균 등이 번식하는 것도 혈액의 미네랄발란스가 무너지며 시작된다.

또한, 세포가 세균 등의 공격을 이겨내지 못하는 것도, 면역세포가 세균 등을 제거하지 못하는 것도, 다양한 암세포가 생기는 것도, 암세포가 혈액을 따라 전이되는 것도 혈액의 미네랄발란스가 무너져 산성화된 것이 그 원인이다.

그리고 각종 장기와 감각기관의 기능이 떨어지는 것도, 코가 막혀 호흡하지 못하는 것도, 항문에 치질이 생기는 것도, 피부에 아토피를 비롯한 각종 피부병이 발생하는 것도, 활성산소·마약 등의 화학물질에서 발생한 독소가 세포를 공격하는 것도 혈액의 미네랄발란스가 무너진 것이 근본 원인이다.

그 외의 모든 질병의 모든 증상은 혈액의 미네랄발란스가 무너져 산성화되며 시작된다.

혈액의 미네랄발란스가 무너져 산성화하며 몸의 특정 기능이 떨어지는 증상을 기존 의학은 기저질환이라고 한다. 간·신장·심장·소장·대장·뇌·혈관·신경·근육 등에 수많은 기저질환이 존재하고, 기저질환으로 나타나는 증상은 수없이 다양하다.

하지만 그 모든 기저질환은 혈액의 미네랄발란스가 무너지며 산성화하여, 몸의 특정 기능이 저하된 증상에 불과하다. 또한, 수많은 불치병·난치병도 혈액의 미네랄발란스가 무너져 산성화되며 몸의 특정 부위의 기능이 떨어지며 나타나는 증상에 불과하다.

혈액이 산성화될수록 위중한 질병이 발생한다. 부위에 따라 차이가 있지만, 정상 혈액의 pH는 7.4이다.

그러나 혈액의 pH가 6.9 이하로 내려가면 몸이 불편하기 시작하고, 6.0 이하로 내려가면 각종 질병으로 환자 수준에 이르게 된다. 또한, 5.5 이하가 되면 각종 암이 발생하기 시작하고, 4.0 이하가 되면 죽는다.

그러므로 혈액의 산성화는 질병의 뿌리다.

무너진 혈액의 미네랄발란스를 회복하여 산성화가 치유되면, 모든 질병은 뿌리가 제거되므로 사라지게 된다.

무너진 혈액의 미네랄발란스를 회복하려면, 각종 미네랄 원소들이 미네랄발란스를 이룬 물과 핵 식품을 섭취해야만 회복된다.

만일 환자의 상태가 물과 식품을 섭취할 수 없거나, 섭취해도 소화 기능이 떨어져 혈액으로 흡수할 수 없는 경우, 미네랄발란스를 이룬 용액을 링거액으로 직접 혈관에 투여하면 효과적으로 질병은 치유된다.

미네랄발란스를 이룬 물과 식품 이외에 무너진 혈액의 미네랄발란스를 회복하는 방법은 존재하지 않는다.

모든 생명체는 미네랄 원소를 스스로 만들어낼 수 없고, 물이나 자연식품에 녹아 있는 천연 미네랄 원소들을 물과 식품을 섭취함으로써 혈액의 미네랄발란스를 이루는 방식으로 진화했기 때문이다.

핵 의학은 미네랄발란스를 이룬 물과 식품으로, 혈액의 미네랄발란스를 이루어지게 하여 모든 질병을 치료한다.

미네랄발란스를 이룬 대표적인 물로 '핵 워터', 식품으로 '핵 푸드'가 존재한다.

핵 워터(Core Water)

바닷물에는 지구를 구성하는 비율로 모든 종류의 미네랄 원소들이 녹아 있다. 하지만 지금의 바닷물은 화학물질 분자·유기물 분자·과다한 중금속 원소·미세 플라스틱 등으로 오염되어 엔트로피가 높은 상태이므로 그대로 사용할 수 없다.

바닷물의 엔트로피를 낮추려면, 바닷물이 순환해야 한다. 바닷물이 순환하면, 바닷물에 혼합된 불순물은 분리되어 정렬되고, 엔트로피는 낮아지며 정화되기 때문이다.

바닷물은 크게 '증류 방식'과 '역삼투압방식'으로 순환하며 정화된다. 증류 방식은 바닷물이 수증기로 증발하여 정화되는 것이고, 역삼투압방식은 바닷물이 높은 수압에 의해 미세한 구멍을 삼투압과 반대 방향으로 통과하며 정화되는 것이다.

역삼투압방식은 인위적인 역삼투압방식과 자연적인 역삼투압방식으로 나누어 볼 수 있다. 인위적인 역삼투압방식은 인위적으로 높은 압력을 가해 바닷물을 정화하는 것이고, 자연적인 역삼투압방식은 자연적으로 발생한 높은 압력으로 바닷물을 정화하는 것이다.

자연적인 역삼투압방식은 자연적으로 발생한 역삼투압에 의해 바닷물이 저절로 순환하며 정화되므로 비용이 거의 들지 않고, 지구환경을 깨끗하게 하면서도 지구의 엔트로피를 낮추는 장점이 있다. 핵 워터는 자연적인 역삼투압방식으로 정화된 물이다. 자연적인 역삼투압방식을 조금 더 자세히 설명하면,

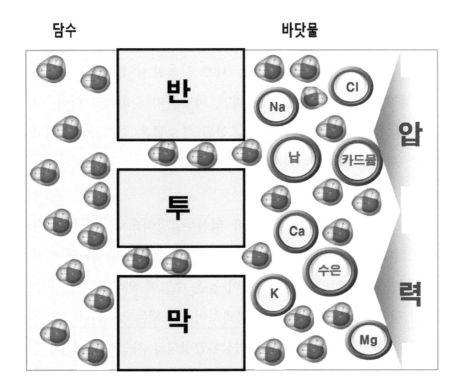

❖ 그림 24, **인위적인 역삼투압방식**

삼투현상은 〈그림 24〉처럼 반투막을 사이에 두고 담수와 바닷물이 존재할 때, 미네랄 농도가 낮은 담수를 구성하는 물 분자들이 농도가 높은 바닷물 쪽으로 반투막을 통과하여 이동함으로써 양쪽의 농도가 균일하게 되는 현상이다.

이때 발생하는 압력의 크기를 삼투압이라 하고, 삼투압과 반대 방향으로 가해지는 압력을 역삼투압이라고 한다.

바닷물의 삼투압은 30기압이다. 따라서 〈그림 24〉처럼 바닷물에 30기압보다 높은 압력(역삼투압)이 가하면, 바닷물을 구성하는 물 분자들은 역삼투압에 의해 반투막을 통과하여 담수 쪽으로 이동하지만, 미네랄 원소들을 비롯한 화학물질 분자·유기물 분자·과다한 중금속 원소 등은 반투막을 통과하지 못하므로 바닷물은 순수한 물로 정화되는데, 이를 '인위적인 역삼투압 방식'이라고 한다.

인위적인 역삼투압방식의 핵심은 '미세한 구멍이 뚫린 반투막'과 '30기압 이상의 높은 압력'이다. 따라서 '미세한 구멍이 뚫린 반투막'과 '30기압 이상의 높은 압력'이라는 조건만 갖추어지면, 바닷물은 역삼투압방식으로 정화된다.

바닷물에는 수심 10m당 1기압의 수압이 가해지므로 수심 100m의 해저는 10기압, 수심 1,000m의 해저는 100기압에 달하는 수압이 저절로 가해진다. 따라서 수심 300m보다 깊은 해저에는 30기압보다 높은 수압이 가해진다.

또한, 바닷가 깊은 지하의 단단한 화강암 암반층에는, 자연적으로 형성된 미세한 틈으로 이루어진 파쇄대가 무수히 존재한다. 파쇄대의 미세한 틈은 반투막의 미세한 구멍처럼 매우 작아 물 분자만 통과할 수 있는 것부터, 미네랄 원소까지 통과하고 유기물 분자와 화학물질 분자는 걸러지는 상당히 큰 것까지, 다양한 크기의 미세한 틈이 광범위하게 존재한다.

그러므로 육지의 바닷가 지하에는, 파쇄대를 경계로 삼투압 또는 역삼투압 현상이 발생하고 있다.

수심 300m 이내에서는 삼투압이 더 강하므로 삼투압에 의해 육지의 담수가 바다로 유출되고, 수심 300m를 넘어서면 역삼투압이 더 강하므로 역삼투압에 의해 바닷물이 육지 방향으로 밀려드는 것이다.

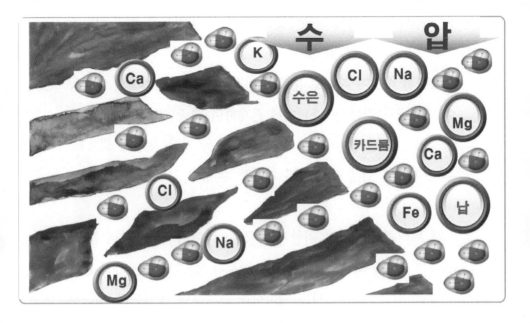

❖ 그림 25, **자연적인 역삼투압방식으로 정화되는 바닷물**

역삼투압에 의해 파쇄대의 미세한 틈을 통과하며 밀려드는 바닷물은, 〈그림 25〉처럼 물 분자와 적당한 비율의 미네랄 원소들만 통과하며 정화된다.

이렇게 바닷물이 자연적인 역삼투압방식으로 정화된 물을, '핵 워터'라고 부르기로 한다. 핵 워터는, 바닷물이 자연적인 역삼투압방식으로 저절로 정화되므로 매우 경제적이고 효율적이다.

역삼투압 원리로 바닷가 300m 이상의 깊은 지하의 파쇄대에는 역삼투압에 의해 파쇄대를 따라 육지 방향으로 밀려들며 정화된 핵 워터가 존재한다.

　따라서 바닷가 지하로 뚫고 들어간 깊이 300m 이상의 굴착공이 파쇄대와 만나면, 파쇄대에 존재하던 핵 워터는 압력이 낮은 굴착공으로 밀려들며 순식간에 굴착공을 가득 채우게 되므로, 수중 펌프로 쉽게 핵 워터를 채취할 수 있다.

　핵 워터를 채취하기 위한 굴착공은, 바닷가에서 온천수를 채취하는 굴착공과 같은 방식으로 뚫는다. 한반도 바닷가의 온천공들은 지하 500m까지는 케이싱과 그라우팅 공법으로 지하수가 굴착공으로 유입되는 것을 차단하고, 지하 500m부터는 지열에 의해 데워진 뜨거운 온천수가 굴착공으로 유입될 수 있도록 개방하여 파쇄대와 교차하는 지점까지 뚫는다.

　따라서 한반도 바닷가에서 이런 방식으로 굴착공을 뚫으면 온천수를 얻을 수 있는데, 그렇게 얻은 온천수는 핵 워터이기도 하다. 왜냐하면, 단단한 화강암층으로 이루어진 한반도의 바닷가의 지하 300m 이상의 파쇄대에는 바닷물이 자연적인 역삼투압방식으로 정화된 핵 워터가 존재하기 때문이다. 따라서 한반도 바닷가의 온천수 중 pH 7.01 이상의 알칼리성 온천수는 핵 워터이다.

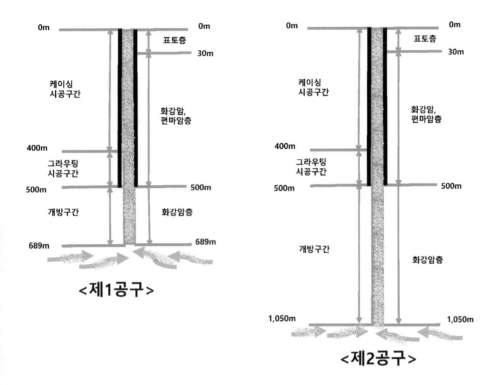

❖ 그림 26, 울진 핵 워터 굴착공 단면도

필자는 2009년 경 울진 바닷가에 핵 워터를 개발하기 위해
〈그림 26〉처럼 지하 689m와 1,050m까지 2개의 굴착공을 뚫은
사실이 있다.

2개의 굴착공은 바다로부터 60m 떨어진 모래사장 위에 50m
간격을 두고 온천공과 같은 방식으로 나란히 굴착했다. 따라서
울진의 2개 굴착공에서 나오는 물은 핵 워터이므로 '울진 핵 워

터'라고 이름을 붙였다.

현재 2개의 공구에서는 울진 핵 워터가 생산되고 있는데, '미네락(MINEROCK)'이라는 이름으로 판매되고 있다. 미네락은 미네랄발란스를 이루고 있는 핵 워터이므로, 미네락을 마시면 무너진 혈액의 미네랄발란스를 회복하고, 세포핵 구심력 강해지게 하는 데 도움이 된다.

강화도 옆의 석모도의 바닷가에 자리 잡은 혜명온천의 온천수도 핵 워터이다. 임자 선생님은 혜명온천의 온천수에 '반도심층수'라는 이름을 지었다. 임자 선생님 또한 혜명온천의 온천수가 미네랄발란스를 이룬 물이고, 그 물을 마시면 세포와 혈액의 미네랄발란스가 이루어지므로 각종 질병이 치료된다는 원리를 이해한 선각자다.

그러므로 반도심층수는 강화도에 존재하는 '강화 핵 워터'다. 강화 핵 워터는 미네랄 원소의 농도가 높으므로 담수를 4배 이상 희석하여 마시면 인체의 생명력은 획기적으로 강해진다.

강화 핵 워터는 지금도 국내에서 수많은 환자를 치료하고 있을 뿐 아니라, FDA(U.S. Food and Drug Administration)의 승인을 받아 미국에도 수출된 바 있다.

핵 워터는 미네랄 원소의 새로운 순환 통로다. 지금까지 육지의 미네랄 원소는 끝없이 빗물을 따라 바다로 흘러들어도, 일부 해산물이 식용으로 사용되는 것 외에 바다의 미네랄 원소가 육지로 순환하는 통로는 존재하지 않았다.

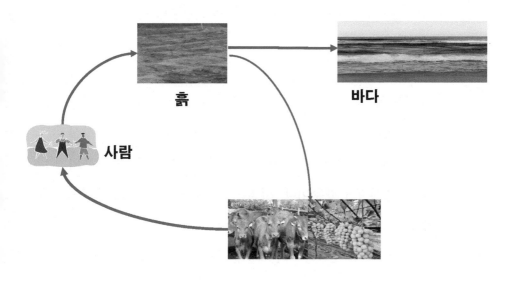

❖ 그림 27, 끊어진 미네랄 순환

그로 인해, 〈그림 27〉처럼 육지의 미네랄 순환은 바다와의 연결이 끊어져 미약하기 그지없었다. 여기에 산성비로 육지의 미네랄 원소들은 더 빠르게 바다로 빠져나간다. 따라서 시간이 지날수록 육지의 흙과 동·식물은 미네랄 원소 부족으로 생명력이 약해져 다양한 질병에 시달리게 되었다.

그 한 가지 예로, 흙의 미네랄발란스 상실이 식물과 꽃의 미네랄발란스 상실로 이어지고, 다시 꽃의 꿀을 먹는 꿀벌들의 미네랄발란스 상실로 이어지며, 미네랄발란스가 무너져 생명력이 약해진 꿀벌들이 대규모로 폐사하는 사건이 전 세계적으로 속출하고 있다.

과학자들은 그 원인을 지구온난화와 응애·진드기 등 기생충의 번식에서 찾고 있지만, 근본적인 원인은 미네랄발란스 상실로 인해 꿀벌의 생명력은 약해졌고, 응애·진드기 등의 해충의 생명력은 강해졌기 때문이다. 꿀벌뿐만 아니라 생명력이 약해진 수많은 동·식물들은 다양한 질병에 시달리고 있다.

또한, 생명력이 약해진 자연에 익숙해진 사람들은, 생명력이 강한 자연의 맛과 향기와 색깔을 모르거나 잊은 상태로 살아가고 있다. 지금과 비교하여 40~50년 전의 사과와 참기름 향은 비교할 수 없을 정도로 진했고, 우유와 소고기 맛은 훨씬 더 고소했으며, 길가의 제비꽃과 나비 날개는 눈이 부실 정도로 밝고 또렷했었다. 이는 예전에는 지금보다 흙의 미네랄 원소 함유량이 많아 모든 생명체의 생명력이 강했기 때문이다.

핵 워터는 미네랄발란스를 이루고 있는 원시 바닷물이다. 핵 워터가 염분 농도가 높은 물이면 해수 차원에서, 낮은 물이면 담수 차원에서 미네랄발란스를 이룬 물이다.

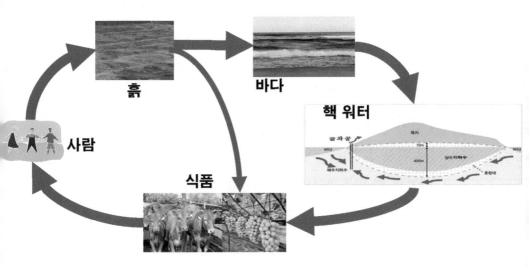

❖ 그림 28, **풍요로운 미네랄 순환도**

따라서 〈그림 28〉처럼 핵 워터에 의해 바다와 식품 사이에 새로운 미네랄 원소의 순환 통로가 개설되면, 핵 워터를 따라 육지로 돌아온 많은 양의 미네랄 원소는 육지의 각종 생명체를 구성하며 순환하게 된다.

육지의 흙과 동·식물의 몸체는 물론이고 대변과 소변, 식물의 낙엽에 이르기까지 모든 생명은 미네랄 원소를 풍부하게 함유한 상태로 순환하게 된다. 이렇게 풍요로운 미네랄 순환이 이루어지면, 핵 원리가 작동하게 되므로, 지구의 엔트로피는 낮아지고, 모든 생명의 생명력은 강해진다.

따라서 모든 생명체는 미네랄발란스를 이루게 되므로, 사람과 동물과 식물의 모든 질병이 사라지고, 모든 식품은 예전의 맛과 향기와 색을 되찾게 된다.

이제 다시 꿀벌들은 왕성한 생명력으로 꿀을 모으며 번성하고, 참기름 한 방울과 사과 하나의 향기가 온 방 안에 가득하게 되며, 우유는 산양의 젖처럼 고소한 맛을 내고, 꽃과 나비는 본래의 황홀하고 찬란한 빛을 발하게 되며, 인간과 가축은 모든 질병을 극복하게 된다.

핵 워터는 경제적이고 효율적이다. 굴착공을 뚫는 비용과 수중 펌프를 돌리는 약간의 에너지만 투입하면, 육지의 어떤 물보다도 뛰어난 핵 워터를 1공구당 적어도 하루에 2,000톤(t)에서 많게는 수만 톤(t)씩 무한히 생산하게 된다.

이는 인위적인 역삼투압방식 또는 증류 방식에 비하면, 수만분의 일에도 미치지 못할 정도로 경제적이고 친환경적이다.

핵 워터는 그 양이 무한하다.

높은 수압에 밀린 바닷물은 파쇄대의 미세한 틈을 통해 육지 방향으로 끝없이 밀려들고, 이런 상태에서 굴착공과 파쇄대가 만나면, 압력이 낮은 굴착공으로 핵 워터가 끝없이 쏟아져 나오기 때문이다.

굴착공과 파쇄대가 만나는 지점이 깊을수록 더 높은 수압이 가해지므로 더 많은 양의 핵 워터가 쏟아지게 된다.

이는 울진 핵 워터를 통해서 알 수 있는데, 〈표 1〉에서 보듯이 지하 689m의 1공구에서는 하루 20톤의 핵 워터가 생산되지만, 지하 1,050m의 2공구에서는 하루 2,000톤 이상의 핵 워터가 생산된다. 이는 해운대 바닷가의 온천들을 통해서도 확인할 수 있다.

해운대 바닷가에는 수십 공의 온천공을 통해 매일 수만 톤의 지하수(온천수)가 수십 년 동안 계속 나오고 있다. 육지에 아무리 큰 가뭄이 들어도 해운대 온천수가 고갈된 적은 없다. 그것은 해운대 온천수의 근원이 무한한 바닷물이기 때문이다. 그러므로 온천수와 같은 방식으로 나오는 핵 워터도 무한하므로 영원히 고갈되지 않는다.

핵 워터는 담수다. 물 1L에 3,000mg 이상의 염분을 함유하면 해수, 530mg 이하의 염분을 함유하면 담수다.

핵 워터의 염분 농도는 얕은 지하의 파쇄대에 존재하는 지하수일수록 높고, 깊은 지하의 파쇄대에 존재하는 지하수일수록 낮다.

따라서 깊은 지하에 존재하는 파쇄대에서 생성된 핵 워터일수록 담수에 가까운 염분을 함유하게 되는데. 이는 울진 핵 워터를 보아도 알 수 있다.

구분	수온 (℃)	pH	염분 (mg/l)	Na (mg/l)	Mg (mg/l)	Ca (mg/l)	K (mg/l)	Fe (mg/l)	수량 (t)
1공구 689m	21.3	7.01	2130	430.7	950.4	1686	61.2	3.34	20
2공구 1,050m	27.3	9.6	20	70.41	2.12	6.21	11.38	1.15	2,000

❖ 표 1. 울진 핵 워터 성분 분석표

〈표 1〉과 같이 울진 1공구는 지하 689m의 파쇄대에서, 2공구는 1,050m의 파쇄대에서 핵 워터가 나온다. 염분농도가 1공구는 2,120mg이므로 해수와 담수의 중간영역에 속하고, 2공구는 20mg이므로 완벽한 담수다.

1공구의 염분 농도는 바닷물의 2/3 정도로 2공구보다 100배 이상 높고, 나트륨·마그네슘·칼슘 등 각종 미네랄 원소 함유량도 비슷한 비율로 높다. 1공구와 2공구는 50m 거리를 두고 바다와 60m 떨어진 모래사장에 나란히 설치되었고, 지하 구간도 같은 암석으로 구성되어 있다.

이렇게 1, 2공구는 모든 조건이 같고, 파쇄대의 깊이만 2공구가 1공구보다 361m 더 깊은데, 2공구의 염분 농도는 1공구의 1/100에 불과하고, 그 양은 수십 배 이상 많다. 그 원인은 파쇄대의 깊이에 비례하여 바닷물이 파쇄대를 통과하는 구간도 길어졌고, 그만큼 역삼투압으로 정화되는 구간도 길어지기 때문이다.

그러므로 울진 2공구와 같은 방식으로 핵 워터를 개발하면 무한한 담수 지하수를 얻을 수 있다. 이는 지구촌에 존재하는 물의 0.01%에 해당하는 하천·호수의 담수만을 이용하는 인류가, 97%에 달하는 바닷물을 담수로 이용하게 된다는 것을 의미하므로, 인류의 물 부족 문제를 해결하는 데 큰 도움이 될 것이다.

바닷가 깊은 지하의 파쇄대에서 자연적인 역삼투압방식으로 정화된 핵 워터를 채취할 수 있다는 것을 물 관련 학자들은 이해하지 못한다. 그들은 자연적인 역삼투압방식을 모르기 때문이다.

그들은 바닷가 깊은 굴착공에서 채취한 핵 워터를 육지에서 생성된 담수 지하수로 여기고, 육지의 담수 지하수와 같은 방식으로 사용하며 관리할 뿐, 핵 워터로 활용하지 못하고 있다.

그러나 핵 워터는 바닷물이 자연적인 역삼투압으로 정화된 물이므로, 아무리 많은 양을 채취해도 육지의 담수 지하수의 수위에는 전혀 영향을 미치지 않는다. 따라서 핵 워터는 일반 지하수와는 다른 방식으로 관리하고 사용해야 할 것이다.

깊은 지하가 단단한 화강암층이면서, 긴 해안선을 지닌 한반도는 핵 워터의 천국이다. 지구촌에서 한반도처럼 대지가 화강암층으로 이루어지고, 긴 해안선이 존재하는 지역은 드물기 때문이다. 화강암이 아닌 석회암, 편마암, 현무암층에서는 핵 워터가 만들어질 수 없고, 해안에서 멀리 떨어진 곳에서는 핵 워터를 찾기 어렵다.

그러므로 한반도의 동·남·서해안 바닷가와 섬에 수천 개의 굴착공을 뚫어 핵 워터를 채취하여 수도관을 통해 가정과 농장과 축사 등에 공급하여 식수로 사용하고, 기존의 수돗물은 세척과 농·공업용수 등으로 사용하면, 대한민국의 물 부족과 국민건강 문제는 한순간에 해결될 것이다. 특히 한반도의 3천여 개의 섬에서 핵 워터를 개발하면, 모든 섬의 물 부족 문제는 해결될 것이고, 이를 수출하면 석유보다 훨씬 더 큰 경제적 이득을 얻을 것이다.

핵 푸드(Core Food)

의성 히포크라테스(Hippocrates)는 "음식으로 못 고치는 병은 약으로도 못 고친다.", "병을 낫게 하는 것은 자연이다."라고 했다. 이는 '무너진 혈액의 미네랄발란스는 약으로는 회복되지 않지만, 자연이 만든 식품으로는 회복된다'는 의미다.

그는 자연식품을 골고루 충분히 섭취하면, 혈액의 미네랄발란스를 회복하므로 모든 질병을 극복할 수 있다고 말한 것이다.

그러나 한 가지 식품은 보통 4-5 종류, 산삼처럼 뛰어난 식품도 60여 종류 미만의 미네랄 원소만 함유할 뿐이다. 또한, 지구 산성화로 인해 식품의 미네랄 원소 함유도는 시간이 갈수록 낮아지고 있다. 지금 생산되는 시금치의 비타민C 함유량은 40년 전의 시금치에 비해 1/40에 불과하다는 연구 결과가 있을 정도인데, 미네랄 원소 함유량도 마찬가지다.

그러므로 자연식품을 섭취함으로써 100여 종류 이상의 미네랄 원소를 골고루 충분히 얻으려면, 매일 수십 종류 이상의 식품을 엄청나게 많이 먹어야만 한다. 따라서 단순히 자연식품을 섭취하는 것만으로는 무너진 혈액의 미네랄발란스를 회복하고 유지하기는 불가능한 시대가 되었다.

❖ 그림 29, **핵 푸드의 재료들**

하지만 최첨단 과학기술을 활용하면, 미네랄발란스의 비율을 찾아내고, 그 비율에 따라 〈그림 29〉처럼 각종 과일·채소·육류·수산물 등의 각종 자연식품에서 미네랄 원소만을 추출하여 미네랄 원소들의 결정체를 만들 수 있다.

그렇게 만들어진 미네랄 원소들의 결정체를 섭취하면, 자연식품을 골고루 충분히 섭취하는 것처럼, 무너진 혈액의 미네랄발란스를 회복하게 된다. 이렇게 자연식품에서 미네랄 원소들을 추출하여 만든 미네랄 원소들의 결정체를 '핵 푸드'라고 부르기로 한다.

핵 푸드는 자연이 생산한 음식 재료에서 추출한 미네랄 원소들과 비타민으로 이루어진다. 따라서 핵 푸드는 특정한 질병을 치유하는 약이 아닌 맛있는 식품의 형태로 존재한다.

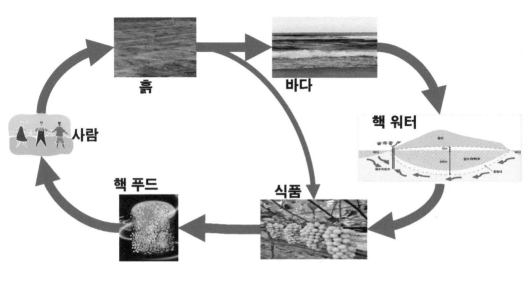

❖ 그림 30, 핵 푸드가 추가된 미네랄 순환도

이제 미네랄 원소들은 〈그림 30〉처럼 흙과 핵 워터에서 식품으로 순환한 후, 다시 핵 푸드로 더욱더 고도화되어 순환한다. 따라서 핵 푸드는 핵 워터보다 더 정밀하게 미네랄발란스를 이룬다는 점에서 핵 워터보다 더 강력한 생명력을 발산한다.

또한, 핵 푸드에는 세포핵의 구심력을 강화하는 비타민 13종도 포함되어 있다. 따라서 핵 푸드를 섭취하면, 혈액은 미네랄발란스를 이루며 슈만 공명주파수로 진동하고, 모든 세포의 구심력이 강해져 핵 원리로 작동하므로 육체의 생명력은 엄청나게 강해진다.

가루 형태로 존재하는 핵 푸드를 물에 희석하면 '핵 푸드 용액'으로 된다. 핵 푸드 용액에서 미네랄 원소들은 물에 녹아 이온 형태로 존재하므로, 세포 내부로 쉽게 흡수되어 그 기능을 완벽히 발휘하게 된다.

핵 푸드 용액은 수만 공명주파수를 발산하므로, 핵 푸드 용액에서 모든 세포 등은 생명력이 강해지므로 활발하게 번식하지만, 모든 해로운 세균 등은 그 구조가 붕괴하며 사멸한다.

이런 사실은 핵 푸드 용액에 대해 동남의화학학연구원과 한국의과학연구원에서 실시한 '미생물배양실험'과 '미생물 항균 활성 및 생장 촉진능 실험', '암세포 성장 및 독성 실험', '면역세포·폐세포 성장 및 독성 실험'을 통해서 확인할 수 있는데, 위 실험 자료는 이 책의 뒷부분에 첨부되어 있다.

위 실험의 결론을 간략히 소개하면, 핵 푸드 용액에서 면역세포·폐세포와 유익한 미생물인 고초균과 유산균은 생명력이 강해져 활발하게 번식하지만, 해로운 세균인 대장균·포도상구균과 일곱 종류의 암세포(폐암, 간암, 대장암, 위암, 전립선암, 갑상선암, 유방암)는 생명력이 약해지며 사멸한다는 것이다.

면역세포·폐세포와 유익한 미생물인 고초균·유산균이 활발하게 번식한다는 것은, 모든 종류의 유익한 세포 등이 활발하게 번성한다는 의미다. 또한, 두 종류의 해로운 세균과 일곱 종류의 암세포가 생명력이 약해져 사멸한다는 것은, 모든 종류의 해로운 세균과 암세포가 사멸한다는 의미다.

핵 푸드 용액에 대한 바이러스의 성장 및 독성 실험은 그 위험성과 과다한 비용으로 인해 필자가 수행할 수 없었다. 하지만 모든 종류의 세균·암세포가 생명력이 약해져 사멸하는 것은, 모든 종류의 바이러스도 생명력이 약해지며 사멸한다는 것을 의미한다.

왜냐하면, 미세한 반(半) 생명체인 바이러스는 세균이나 암세포보다 구조적으로 취약하므로 슈만 공명주파수를 만나는 순간 그 구조가 붕괴하기 때문이다.

인간이 인위적으로 제조한 물질에서, 모든 세포 등은 생명력이 강해져 활발하게 번성하고, 모든 해로운 세균 등은 사멸하는 현상이 동시에 발생하는 경우는 지금까지 존재하지 않았다. 하지만 대한민국의 과학자가 개발한 핵 푸드에서 그런 현상이 발생했다.

또한, 지구는 이미 수십억 년 전부터 미네랄발란스가 이루어진 원시 바다에서 생명을 창조하고 진화시켰지만, 인간들은 바닷물을 오염시켜 바다의 생명력이 약해지고 있다. 하지만 지구는 오염된 바닷물을 순환시켜 다시 생명력을 강화한 핵 워터를 이미 준비해 놓았다.

핵 푸드와 핵 워터에는, 에너지가 강한 미네랄 원소들이 미네랄발란스를 이루며 존재하고, 슈만 공명주파수로 진동한다는 점에서 공통된다. 따라서 핵 푸드 용액에 대한 각종 실험 결과는 핵 워터에도 동일하게 나오게 된다.

그래서 핵 푸드 용액과 핵 워터를 총칭하여 '핵 용액'이라 칭하기로 하고 그 구체적인 효능을 정리해 보았다.

핵 푸드와 핵 워터에는, 에너지가 강한 미네랄 원소들이 미네랄발란스를 이루며 존재하고, 슈만 공명주파수로 진동한다는 점에서 공통된다. 따라서 핵 푸드 용액에 대한 각종 실험 결과는 핵 워터에도 동일하게 나오게 된다.

그래서 핵 푸드 용액과 핵 워터를 총칭하여 '핵 용액'이라 칭하기로 하고 그 구체적인 효능을 정리해 보았다.

핵 의학

핵 의학은 핵 용액으로 혈액의 미네랄발란스를 이루어지게 하여, 혈액의 산성화를 치유하고 모든 질병의 뿌리를 제거하는 방식으로 행해진다.

몸 안으로 핵 용액이 들어가면, 혈액의 미네랄발란스가 이루어지고 세포핵 구심력은 강해지며 슈만 공명주파수로 진동하므로, 생명력이 획기적으로 강해진다. 따라서 혈액과 세포의 모든 질병은 그 뿌리가 잘리며 한꺼번에 사라지고, 육체는 건강해진다.

그래서 핵 용액으로 각종 질병을 치료하고 육체가 건강해지는 구체적인 원리와 사례를 중심으로 살펴보았다.

핵 용액은 혈액을 비롯한 모든 체액의
미네랄발란스를 이루어지게 한다.

핵 용액을 마시면, 혈액·림프액 등의 모든 체액은 미네랄발란스를 이루고 슈만 공명주파수로 진동하게 된다. 체액의 미네랄발란스는 리트머스 시험지에 혓바닥의 침을 묻혀보면 알 수 있다. 혓바닥 침의 산성도는 모든 체액의 산성도와 일맥상통하기 때문이다.

침이 pH 8 이상의 알칼리성이면, 혈액을 비롯한 모든 체액도 알칼리성이다. 따라서 입을 통해 몸으로 침투하는 거의 모든 세균과 바이러스는 침과 혈액에 의해 사멸하게 된다. 하지만 침이 산성화하면 입을 통해 수많은 세균이 침입하여 번성하게 된다.

체액의 미네랄발란스가 이루어지면, 혈액과 소변의 미네랄발란스도 이루어지게 된다. 이는 핵 용액을 일정 기간 지속해서 섭취하기 전과 후의 혈액과 소변의 성분검사결과를 살펴보면 명확히 확인할 수 있다.

	2004. 2.17.	2006. 3.23.	2020. 1.15.	2022. 8.23.	비 고		
	검사 결과	검사 결과	검사 결과	검사 결과	하한	상한	단위
평균혈소판용적	10.3	9.9	8.9		7.5	10.7	fL
GPT(ALT)	23.2	37	15	11	4	44	U/L
LDH (유산탈수소효소)	342	432	170	170	140	271	U/L
CRP(정량)		0.11	0.02	0	0	0.5	Mg/dl

❖ 표 2, **필자의 혈액검사결과표**

필자는 2018년 4월부터 지금까지 0.4% 핵 용액을 하루에 1ℓ 정도를 꾸준히 섭취하고 있다. 그래서 핵 용액을 섭취하기 전·후의 필자의 혈액검사 결과와 소변검사 결과 중 특히 유의미한 부분만을 추려서 〈표2〉와 〈표3〉으로 정리해 보았다.

〈표2〉의 혈액검사 결과를 요약하면,

① 평균 혈소판 용적이 정상 수치를 넘어 비대해지면 혈소판은 파괴된다. 2018. 이전에는 평균 혈소판 용적이 정상 수치를 넘어서기 일보 직전까지 비대해져 위험했었지만, 2020. 1. 15에는 정상 수치의 한가운데로 돌아왔다.

② GPT 수치는 간세포가 파괴될 때 나오는 효소로, 2018. 이전에는 위험할 정도로 많은 수의 간세포가 파괴되었으나, 2020. 이후에는 안정된 상태로 회복되었다.

③ LDH(유산탈수소 효소)는 세포가 사멸할 때 나오는 효소로, 2018. 이전에는 정상 수치(271)를 크게 벗어날 정도로 많은 수(342, 432)의 세포들이 죽고 있었다. 많은 수의 세포가 죽는 것은 몸이 급격히 노화하고 있다는 의미다. 그러나 2020. 이후에는 정상 수치로 회복되었다.

④ CRP는 몸에 염증이나 염증 물질이 있으면 나타나는 수치다. 2018. 이전에는 상당한 양의 염증이 존재했으나, 2020. 에는 염증이 획기적으로 감소했고, 2022.에는 전혀 존재하지 않게 되었다.

	2004. 2.27.	2019. 11.27.	2020. 1.15.	2022. 8.23.	비고		
	검사 결과	검사 결과	검사 결과	검사 결과	하한	상한	단위
pH	5.0	7.0	7.0	7.5	5.0	8.0	
RBC	Many	30–50	3–5	0	0	2	/HPF

❖ 표 3, 필자의 소변검사결과표

〈표 3〉의 소변검사 결과를 요약하면,

① 2018. 이전에는 소변의 pH가 5.0으로 산성화가 심각했었는데, 2019.–2020.에는 7.0 중성으로 회복되었고, 2022.에는 7.5의 약알칼리성으로 변화했다. 소변의 pH가 5.0 이하로 내려간다는 것은 혈액의 pH 또한 5.0 이하로 내려갔다는 것을 의미한다.

왜냐하면, 소변은 혈액이 걸러진 용액이기 때문이다. 혈액의 pH가 5.0 이하로 내려가면 혈액 속에 각종 세균·바이러스가 서식하게 되고, 각종 암이 발생하기 시작한다. 하지만 혈액의 pH가 7.5 이상이면, 세균과 바이러스는 저절로 사멸하게 된다.

② RBO는 소변을 통해 배출되는 혈액의 적혈구 세포 숫자를 고배율의 현미경으로 세는 검사다. 2018 이전에는 숫자를 셀 수 없을 정도로 많은 수의 적혈구가 소변을 통해 배출되었으나, 2019. 11.에는 30~50개 정도로 줄었고, 그로부터 48일 후인 2020. 1.에는 3~5개로 줄어 정상치(0~2)에 거의 근접했으며, 2022.에는 완전히 사라졌다.

이는 신장과 몸속의 염증이 완벽히 치유되어 더는 혈뇨(血尿)가 나오지 않게 되었음을 의미한다. 필자는 대학교 4학년 때 방광경실에서 요로결석을 제거한 사실이 있는데, 그때부터 신장 염증으로 인해 혈뇨가 생겨 35년 이상을 고생했었다. 담당 의사는 신장 세포는 재생되지 않는데, 이렇게 심한 혈뇨가 신장 이식 수술을 받지 않고 완치되는 것은 극히 희귀한 경우라고 했다.

필자의 혈액과 소변검사 결과를 종합하면, 핵 용액을 섭취하기 전인 2004년 검사에서는 산성화로 인해 혈액과 소변이 탁하고 각종 질병이 만연하고 있었음을 나타내고 있다. 당시 필자는 갑상선기능항진증, 혈뇨, 빈혈, 소화불량, 위장장애, 비염, 과민성 대장염, 충치, 치질 등의 각종 질환으로 고생하고 있었다. 특히 2017. 11.부터 성대가 마비되어 6개월 동안 말을 할 수 없어 생업인 변호사를 포기하고 산으로 들어가 자연인으로 살겠다고 결심한 상태였다.

하지만 2018. 4. 핵 용액을 섭취하고 7시간 만에 말을 할 수 있게 되었고, 그 후부터 지금까지 매일 핵 용액을 섭취함으로써 혈액의 미네랄밸런스를 회복하고, 모든 질병을 극복하여 건강한 몸을 되찾게 되었다. 따라서 누구라도 핵 용액을 지속적으로 섭취하면, 혈액을 비롯한 모든 체액과 소변은 미네랄밸런스를 이루며 건강을 되찾게 될 것이다.

핵 용액은 혈전을 녹여 배출한다.

알칼리성 미네랄발란스 혈액과 산성 혈전이 만나면 혈전은 빠르게 녹아내린다. 따라서 알칼리성인 핵 용액을 마시면, 혈전이 혈관을 막아 발생하는 모든 질병은 빠르게 치료된다.

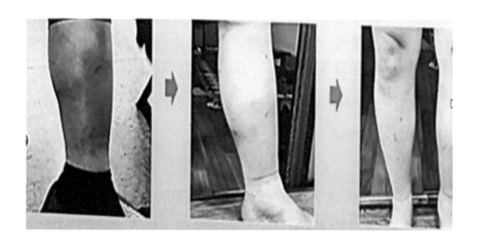

❖ 그림 31, **하지정맥류 환자의 상태변화**

이는 혈전이 혈관을 막아 혈액의 흐름이 멈춰 다리 절단 수술을 앞두고 있던, 〈그림 31〉의 하지정맥류 환자와 〈그림 32〉의 당뇨병 환자가, 핵 용액을 마시자 며칠이 지나지 않아, 혈전이 사라짐으로써 다리 절단 수술이 필요 없게 된 사실로 확인할 수 있다.

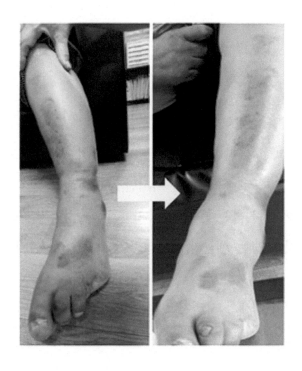

❖ 그림 32, **당뇨 환자의 상태변화**

또한, 심장 동맥이 혈전으로 막혀 스텐트 삽입 시술을 앞두고 있던 환자들이 4~5일 동안 핵 용액을 섭취한 후 다시 검사하면, 혈전이 모두 녹아내려 스텐트 시술을 받지 않게 되는 사실로도 확인된다.

그러므로 혈액의 미네랄발란스가 이루어지면, 혈전이 혈관을 막아 발생하는 심장마비, 뇌출혈, 뇌경색 등의 모든 혈관질환과 그로 인한 돌연사는 일거에 사라지게 된다.

핵 용액과 접촉한 모든 세균 등은 사멸하고,
상처받은 세포 등은 복원된다.

핵 용액과 접촉한 모든 해로운 세균과 바이러스는 빠르게 사멸한다. 그러므로 핵 용액을 마시면, 식도·위·소장·대장·직장·항문 등에 서식하는 충치균·풍치균·백태균·헬리코박터바이러스를 비롯한 모든 세균과 바이러스는 그 구조가 붕괴하여 사멸한다.

따라서 입 냄새가 사라지고, 속은 편안해지며, 대변은 황금색으로 변하고, 소화 기능은 획기적으로 향상된다.

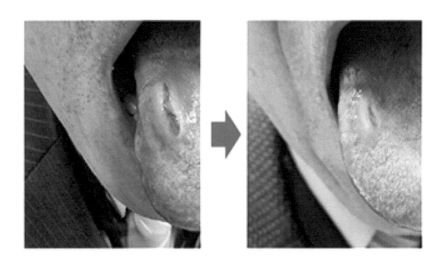

❖ 그림 33, 핵 용액으로 빠르게 회복된 상처

핵 용액은 인체의 복원력을 최고로 활성화한다. 핵 용액에서 세포 등의 생명력은 획기적으로 강해지기 때문이다.

따라서 핵 용액을 마시면, 핵 용액과 직접 접촉한 혀·입·식도·위장·소장·대장·직장·항문의 손상되거나 찌그러진 세포는 빠르게 원상태로 복원된다. 또한, 상처에 핵 용액을 바르면, 그 부분의 세포들은 〈그림 33〉처럼 상처가 빠르게 복원된다.

그러므로 중화상을 입어 생명이 위독한 환자의 상처 부위에 핵 용액을 바르는 동시에 핵 용액을 마시면, 상처의 외부에서는 핵 용액이, 상처의 내부에서는 미네랄발란스 혈액이 작용하므로 모든 해로운 세균과 바이러스는 사멸하고, 손상된 인체는 빠르게 복원된다.

마찬가지로 핵 용액을 안약처럼 눈이나 콧구멍에 넣으면, 염증을 유발하는 모든 세균 등이 사멸하므로 모든 눈병과 비염을 비롯한 모든 이비인후과 질환이 치료된다.

핵 용액이 손상된 세포에 닿으면, 어머니의 양수처럼 고통을 덜어주고 상처를 빠르게 치유한다. 그것은 핵 용액은 원시 바닷물처럼 상처받은 세포를 감싸고 치유하므로, 세포막이 손상되어 고통을 호소하던 세포들도 핵 용액과 접촉하는 순간부터 편안함을 되찾게 된다.

그러므로 외과수술을 하는 경우 핵 용액을 알코올 대신 소독약으로 사용하면 환자의 고통을 덜어주는 동시에 수술 상처는 빠르게 회복된다. 이는 필자가 손바닥의 피부가 완전히 벗겨지는 중화상을 입었을 때, 핵 용액으로 상처를 치료한 경험을 통해서도 확인할 수 있었다.

핵 용액은 모든 해로운 세균 등을 살균하므로, 핵 용액을 상온에서 오랜 시간 노출해도 부패하지 않는다.

따라서 핵 용액을 살균·살충제로 사용하면 환경을 오염시키지 않으면서, 해로운 세균 등은 완벽히 제거된다. 또한, 핵 용액을 장거리 운송 중인 식품(곡식, 과일 등)에 사용하면, 방부제를 투입하지 않아도 신선한 상태로 식품을 운송할 수 있다.

핵 용액은 모든 세포의 전·자기장 방어막과
화학적 방어막을 강해지게 한다.

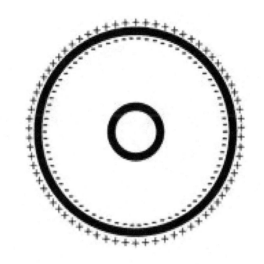

❖ 그림 34, **핵 구심력이 강한 세포막의 촘촘한 전기장**

핵 용액으로 혈액의 미네랄발란스가 이루어지면, 모든 세포핵의 구심력이 강해지고, 세포핵 구심력이 강한 세포의 미토콘트리아는 미네랄 원소들을 재료로 생체전기를 만들어낸다.

생체전기에 의해 〈그림 34〉처럼 세포막의 외부는 (+)극[정상세포는 (+)극이다], 내부는 (−)극으로 이루어진 강력한 전기장이 촘촘히 형성되는데, 이때 (+)극과 (−)극 사이의 전압은 무려 70~100mV에 달한다.

그러므로 세균 등은 강력한 전기장으로 인해 세포 내부로 침입할 수 없고, 세포 내부로 침입해도 미네랄 원소들이 발산하는 슈만 공명주파수로 즉시 사멸하게 된다.

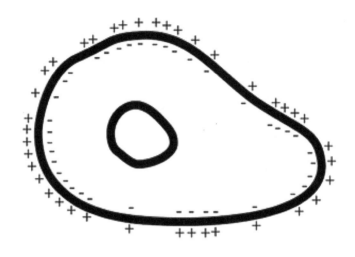

❖ 그림 35, **핵 구심력이 약한 세포막의 느슨한 전기장**

그러나 혈액의 미네랄발란스가 무너지면 세포핵 구심력이 약해지고, 세포핵 구심력이 약한 세포의 미토콘트리아는 생체전기를 제대로 만들어내지 못한다.

따라서 모든 세포는 〈그림 35〉처럼 찌그러지고, 세포막 내외부의 전기장은 느슨해지며, (+)극과 (−)극의 전압은 30mV 이하로 떨어지므로 세포의 방어력은 약해진다.

그러면 세균과 바이러스는 약해진 전기장의 틈을 통해 세포 내부로 침투하거나, 세포 외부에 붙어 기생하므로, 염증이나 암이 발생하게 된다.

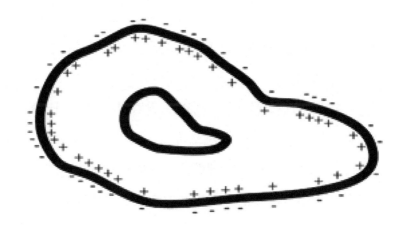

❖ 그림 36, **핵 구심력이 무너녀 암세포로 변한 세포막의 극성이 역전된 전기장**

만일 미네랄발란스가 극단적으로 무너지면, 미토콘트리아는 세포 안으로 침입한 바이러스에게 점령되고, 세포는 암세포로 변한다.

암세포는 〈그림 36〉처럼 세포막 외부는 (−)극, 세포막 내부는 (+)극으로 전기장의 극성이 세균과 바이러스와 같은 극성[세균 등은 (−)극이다]으로 변한다.

따라서 암세포로 변한 세포는 세균 등의 전진기지로 되고, 몸은 각종 질병에 시달리게 된다.

그리고 세포핵 구심력이 강해지면, 자기장이 지구를 감싸는 것처럼 세포를 감싸게 된다. 따라서 전·자기장으로 보호막을 형성한 세포에 세균 등은 접근할 수 없으므로 세포의 방어력은 획기적으로 강해진다.

또한, 미네랄발란스를 이룬 세포는 알칼리성이다. 따라서 산성인 세균 등은 알칼리성인 세포에 접근하면 화학적으로 소멸하게 된다. 이렇게 혈액의 미네랄발란스가 이루어지면, 모든 세포의 전·자기장과 화학적 방어막은 최고치로 강해진다.

핵 용액은 혈장과 면역세포의 면역력을 최대치로 강해지게 한다.

    면역력이란 혈액이 몸 안으로 침입한 세균 등을 제거하는 힘이다. 혈액은 백혈구와 적혈구 등의 혈구 세포들과 그것들을 담고 있는 액체인 혈장으로 이루어진다.

    혈장과 혈구의 한 종류인 면역세포는 각각 세균 등을 적극적으로 제거하는 면역력을 지닌다. 따라서 혈장의 면역력과 면역세포의 면역력으로 나누어 살펴보면, 면역력을 쉽게 이해하게 된다.

    핵 용액으로 혈액의 미네랄발란스가 이루어지면, 혈장의 미네랄발란스가 이루어지고, 면역세포의 세포핵 구심력도 강해지므로 면역력이 강해진다.

    미네랄발란스를 이루어 면역력이 강해진 혈장과 구심력이 강한 면역세포는 모든 세균 등을 제거하는데, 이를 세균과 바이러스에 대한 면역력과 암세포에 대한 면역력으로 나누어 살펴보면,

첫째, 미네랄발란스가 이루어진 혈장에서 발산하는 슈만 공명주파수에 의해 모든 세균과 바이러스는 빠르게 사멸한다. 이는 핵 용액에서 모든 종류의 세균과 바이러스가 사멸하는 것과 같은 이치다.

그런데도 살아남은 세균과 바이러스는 세포핵 구심력이 강해진 면역세포(NK세포, T세포, B세포, 수지상세포 등)에 의해 철저하게 제거된다. 왜냐하면, 미네랄발란스를 이룬 혈장에서 면역세포는 시간이 지날수록 그 숫자는 많아지고 구심력도 강해지지만, 세균과 바이러스는 숫자가 줄고 힘이 약해지기 때문이다.

따라서 면역세포가 존재하는 미네랄발란스 혈액에서 세균과 바이러스가 제거되는 시간은, 면역세포가 존재하지 않는 핵 용액에서 세균과 바이러스가 제거되는 시간보다 훨씬 단축된다.

그러므로 혈액의 미네랄발란스가 이루어지면, 세균과 바이러스로 인해 발생하는 신체 모든 부위의 모든 질병은 한꺼번에 치유된다.

간염바이러스, 결핵바이러스, AIDS 바이러스, 코로나 바이러스 등의 모든 바이러스와 콜레라균, 장티푸스균 등의 모든 세균과 그들의 변종들이 일으킨 모든 염증이 한꺼번에 사라지는 것이다.

당연히 항생제에 내성을 지닌 모든 종류의 슈퍼 바이러스와 슈퍼 세균도 빠르게 제거되므로 더는 에이즈 같은 난치병과 불치병과 희귀병은 존재하지 않게 된다.

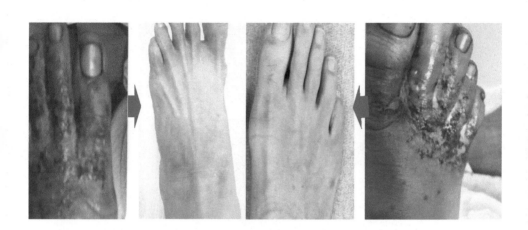

❖ 그림 37. **패혈증 환자의 상태변화**

다양한 세균과 바이러스가 혈액에서 번식하는 대표적인 질병이 패혈증이다. 패혈증으로 6개월간 5곳의 종합병원을 전전하며 여러 종류의 항생제 치료를 받았으나 염증이 심해 끝내 무릎 아래 절단 수술을 앞두고 있던 환자가, 핵 용액을 마시고 7일 만에 〈그림 37〉처럼 완치되었다.

또한, 넓적다리뼈에 염증이 발생하여 종합병원에서 모든 항생제 치료를 받았으나 실패하여 엉덩이 아래쪽 다리 절단 수술을 앞두고 있던 환자도 핵 용액을 마시고 며칠이 지나지 않아 완치되었다. 그리고 〈그림 38〉처럼 수십 년 동안 아토피염으로 고통받던 환자도 20일 만에 완치되었다.

이는 미네랄발란스를 이룬 혈장과 구심력이 강해진 면역세포에 의해 모든 해로운 세균과 바이러스는 구조가 붕괴하며 사멸했기 때문이다.

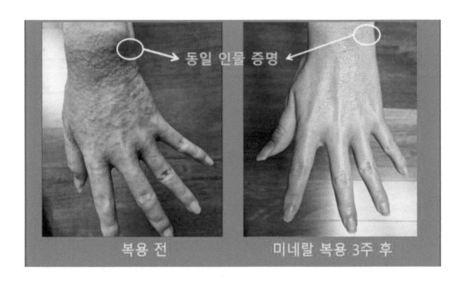

동일 인물 증명

복용 전 / 미네랄 복용 3주 후

❖ 그림 38, **아토피 환자의 상태변화**

둘째, 미네랄발란스가 이루어진 혈장에 의해 모든 종류의 암세포는 **빠르게 사멸한다.** 암세포는 미네랄발란스를 이룬 혈장에서 발산하는 슈만 공명주파수에 의해 그 구조가 붕괴하며 사멸하기 때문이다.

번호	암세포 종류	7일 동안 배양한 결과	
		0.4% 미네랄발란스 용액에서	0.8% 미네랄발란스 용액에서
1	폐암세포	47% 사멸	70% 사멸
2	간암세포	51% 사멸	72% 사멸
3	대장암세포	16% 사멸	44% 사멸
4	위암세포	2% 사멸	16% 사멸
5	전립선암세포	19% 사멸	54% 사멸
6	갑상선암세포	4% 사멸	63% 사멸
7	유방암세포	31% 사멸	71% 사멸

❖ 표 4, 7일간 암세포 배양결과

이는 '암세포 성장 및 독성 실험'에서 7일 동안 7종류의 암세포(폐암, 간암, 대장암, 위암, 전립선암, 갑상선암, 유방암)를 핵 용액에서 배양한 결과, 〈표 4〉와 같이 0.4% 용액에서는 최대 51%에서 최소 2%의 암세포가 사멸했고, 0.8% 용액에서는 최대 72%에서 최소 16%의 암세포가 사멸한 것을 보면 알 수 있다.

미네랄발란스 혈장은 핵 용액의 일종이다. 따라서 혈장의 미네랄발란스가 이루어진 상태로 150일 이상이 지나면, 거의 모든 종류의 암세포는 미네랄발란스 혈장에 의해 사멸할 것이다.

그런데도 살아남은 암세포는 구심력이 강해진 면역세포에 의해 철저히 제거된다. 면역세포는 미네랄발란스 혈액에서 생명력이 강해지지만, 암세포는 생명력이 약해지기 때문이다. 그러므로 면역세포가 존재하는 미네랄발란스 혈액에서 암세포가 제거되는 기간은, 면역세포가 존재하지 않는 핵 용액에서 암세포가 제거되는 기간보다 훨씬 단축된다.

실제로 매년 발생하던 암의 일종인 대장용종이 핵 용액을 복용한 후 빠르게 사라져 다시는 발생하지 않게 되었다. 또한, 자궁암·위암 등으로 항암치료를 받던 환자들도 모두 완치되어 건강을 회복하게 되었다.

정말 중요한 사실은 정상 세포가 암세포로 변한 원인은, 산성화된 혈액에서 살아남기 위해서였다는 것이다. 따라서 혈액의 미네랄발란스가 이루어지면, 암세포도 살아남기 위해 정상 세포로 변하게 된다. 정상 세포이든 암세포이든 살아남고자 하는 것은 모든 생명의 본성이고, 정상 세포가 암세포로 변하는 것은, 암세포도 정상 세포로 변할 수 있다는 것을 의미이기 때문이다.

이는 암 환자가 항암치료를 거부하고 자연으로 돌아가 생활하여 혈액의 미네랄발란스가 이루어지면, 어느 순간 모든 암세포가 정상 세포로 변하며 건강을 되찾은 수많은 사례를 보아도 알 수 있다. 이렇게 핵 의학은 모든 암을 혈액의 미네랄발란스를 이루어지게 함으로써, 암세포가 정상 세포로 돌아오게 하는 방법으로 치유한다.

그러나 기존 의학은 암세포와 부근의 정상 세포를 넓은 범위에 걸쳐 수술로 제거한 후 항암제를 투여하여 치료하므로, 혈액의 산성화는 더 심해지고 더 많은 정상 세포는 살아남기 위해 암세포로 변한다. 또한, 암세포는 죽을 때까지 면역세포와 싸움을 이어가며 번식하므로 암은 더욱더 깊어진다.

이는 항암치료를 받은 암 환자의 대부분이 암이 몸 전체로 전이되어 사망하거나, 항암제로 인해 생명력이 약해져 근근이 목숨만 부지하며 5년 생존을 목표로 살아가는 것을 보아도 알 수 있다.

기존 의학은 면역세포의 특정 세균이나 바이러스에 대한 면역력에만 중점을 두고, '혈장의 면역력'은 전혀 이해하지 못하고 있다. 그래서 특정 세균이나 바이러스로 제조한 백신을 혈관에 투입하여 면역세포들이 이들을 미리 경험함으로써, 특정 세균이나 바이러스에 대한 면역력을 높이려고만 한다.

하지만 세균이나 바이러스의 일부를 배양한 백신을 투여하면, 혈액은 급격히 산성화되고, 산성화된 혈액에서 혈장의 면역력과 면역세포의 면역력은 급속도로 약해지며, 세균 등의 생명력은 강해진다. 또한, 백신으로 인해 급속히 산성화된 혈액은, 수많은 혈전을 생성하여 혈관을 막아 혈액 순환을 방해하므로, 정상 세포들의 방어력도 약해진다.

따라서 면역력을 높이려고 접종한 백신으로 인해 혈장과 면역세포의 면역력은 물론 혈액의 원활한 순환과 모든 세포의 방어력도 약해져 수많은 생명이 죽어가고 있는 것이 현실이다.

면역세포의 면역력만을 중요시하는 것은, 바닷물 속의 세균과 바이러스를 동물성 플랑크톤이 잡아먹는 능력만을 중요시하는 것과 같다. 바닷물에서 세균과 바이러스가 동물성 플랑크톤에게 잡아먹히는 것은, 미네랄발란스를 이룬 바닷물에 의해 플랑크톤의 생명력은 강하게 유지되는 반면, 세균과 바이러스는 이미 죽었거나 거의 죽음에 이를 정도로 생명력이 약해졌기에 가능한 일이다.

마찬가지로 미네랄발란스를 이룬 혈액에서 세균 등이 면역세포에 잡아 먹히는 것은, 미네랄발란스를 이룬 혈장에 의해 면역세포의 면역력은 강해졌으나 세균 등은 이미 죽었거나 거의 죽음에 이를 정도로 생명력이 약해졌기 때문이다. 그러므로 혈장과 면역세포의 면역력 중, 더 중요한 것은 혈장의 면역력이다.

이렇게 핵 의학은 혈액의 미네랄발란스를 이루게 하는 단 한 가지 방법으로 모든 질병을 예방하고 한꺼번에 치유한다.

핵 용액은 비만과 깡마름이라는 질병도 치유한다.

지나친 비만과 깡마름도 영양실조라는 질병의 일종이다. 영양실조에는 단백질과 열량 부족으로 인한 영양실조와 미네랄 원소 부족으로 인한 영양실조가 있다.

20세기 중반까지는 단백질과 열량 부족으로 인한 영양실조가 주를 이루었지만, 질소비료를 본격적으로 사용한 이후부터는 미네랄 원소 부족으로 인한 영양실조가 주를 이루고 있다.

몸은 음식과 물을 통해 단백질과 열량 그리고 각종 미네랄 원소를 골고루 충분히 섭취하면 포만감을 느껴 더 이상의 음식 섭취를 멈춘다. 하지만 그중 하나라도 부족하면 그것이 충족될 때까지 배고픔이나 갈증을 느껴 계속 음식이나 물을 찾게 된다.

그러나 지금의 물과 식품에는 미네랄 원소가 부족하므로 아무리 음식을 많이 섭취해도 미네랄 원소는 부족하므로 끝없이 배고픔과 갈증을 느끼므로 계속 음식을 섭취하게 된다.

그렇게 음식을 섭취할수록 단백질과 열량만 과도하게 섭취하게 되므로, 세포의 내부에는 미네랄 원소 대신 물 분자나 기름 분자 또는 단백질 분자로 가득하게 된다.

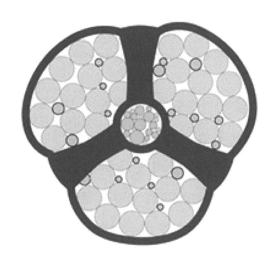

❖ 그림 39, **과다한 지방과 단백질 섭취로 비대해진 세포**

　따라서 세포는 〈그림 39〉처럼 팽창하고, 팽창한 세포들로 이루어진 몸은 단백질과 열량은 과다하지만, 미네랄 원소는 부족한 영양실조에 걸리게 된다.

　이런 영양실조의 특징은, 겉으로는 건장해 보여도 실제로는 피로·쇠약·무기력·의욕 상실·정신 기능 저하·두통 등 미네랄 원소 부족으로 인한 질병의 기본적인 증상을 호소한다는 점이다. 이는 세포핵의 구심력이 약해졌기에 벌어지는 현상이다.

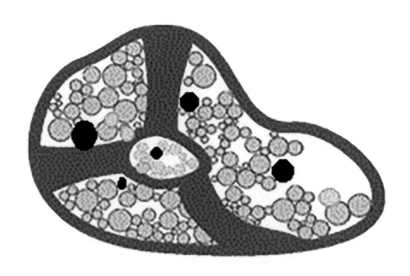

❖ 그림 40, **영양실조로 쪼그라진 세포**

또한, 세포에 미네랄 원소가 부족한 상태에서 단백질과 열량도 부족하면, 세포는 〈그림 40〉처럼 쪼그라들고, 쪼그라든 세포들로 이루어진 몸도 쪼그라지며 깡마르게 된다.

이런 세포들로 이루어진 몸은, 단백질과 열량 부족으로 인한 영양실조와 동시에 미네랄 원소 부족으로 인한 영양실조도 함께 걸린 상태다. 이는 세포핵과 세포질의 생명력이 동시에 약해진 상태다.

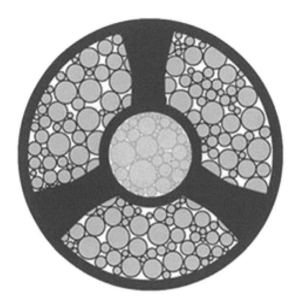

❖ 그림 41, **미네랄발란스를 이룬 건강한 세포**

그러나 핵 용액을 섭취하면, 〈그림 41〉처럼 몸을 구성하는 모든 세포핵에는 미네랄 원소들로 꽉 차게 된다. 따라서 핵 용액을 계속 섭취하면, 세포핵 구심력이 강해지므로 찌그러진 세포는 반듯해지고, 비대한 세포의 내부에도 필요 이상의 영양물질이 존재할 수 없으므로 반듯해진다.

구심력이 강한 세포들로 이루어진 몸은, 핵 원리로 작동하므로 음식을 많이 먹어도 비대해지지 않는다. 핵 원리로 작동하면, 몸을 비대하게 하는 필요 이상의 영양물질은 미네랄 원소들이 가득한 세포 내부로 들어가지 못하고 배설되고, 설사 세포 내부로 영양물질이 과다하게 들어와도 생명력이 강한 세포는 미토콘트리아가 활성화되므로 영양물질을 연소시켜 에너지로 변환하기 때문이다.

이미 비만으로 고민하던 사람들이 핵 용액을 섭취함으로써 정상적인 체형으로 바뀌는 사례가 속출하고 있고, 아무리 노력해도 몸무게가 늘지 않던 사람이 핵 용액을 섭취한 지 얼마 지나지 않아 체중이 10kg 이상 증가하는 사례들도 나타나고 있다.

필자도 핵 용액을 섭취한 후 몸무게가 8kg 정도 빠지면서 몸이 반듯해지는 경험을 했다. 그러므로 핵 용액은 현대 사회의 큰 문제 중 하나인 비만 등의 영양실조도 치유하게 된다.

핵 용액은 여성 양수의
미네랄발란스를 이루어지게 한다.

혈액의 미네랄발란스가 무너진 여성은 임신하기 어렵다. 혈액의 미네랄발란스가 무너지면, 미네랄발란스를 이룬 양수를 생산할 수 없기 때문이다. 또한, 슈만 공명주파수로 진동하지 않는 그녀의 몸에서 난자와 정자는 결합하기 어렵고, 난자와 정자가 결합해도 자궁에 착상하기 어렵다.

그러므로 임신을 원하는 여성은 무너진 혈액의 미네랄발란스부터 회복해야만 한다. 미네랄발란스가 무너진 여성이 핵 용액을 섭취하면, 혈액과 양수의 미네랄발란스는 이루어지고, 몸은 슈만 공명주파수로 진동하게 된다. 이제 그녀는 쉽게 임신하고, 유산 없이 무난한 출산으로 이어진다. 그것은 어머니의 양수는 핵 용액이기 때문이다.

임산부가 임신 기간에 핵 용액을 꾸준히 섭취하면, 출산 이후 쉽게 임신 이전의 몸매와 건강을 회복하게 된다. 임신과 출산으로 임산부의 몸매와 건강이 망가지는 것은, 임신 기간에 몸을 구성하는 미네랄 원소들이 양수와 태아의 몸으로 이동함으로써 임산부 혈액의 미네랄발란스가 무너져 구심력이 약해진 세포가

〈그림 39〉와 같은 형태로 바뀌었기 때문이다.

　그러나 임신 기간에 꾸준히 핵 용액을 섭취하면, 임산부의 혈액은 계속 미네랄발란스를 유지하므로 임산부의 세포 또한 구심력이 강해져 〈그림 41〉처럼 반듯한 형태를 유지하며 임신 기간을 보내게 된다. 따라서 출산 이후 곧바로 예전의 건강과 몸매를 되찾게 되고, 산후조리 기간도 획기적으로 단축된다.

　또한, 임산부가 임신 기간에 핵 용액을 꾸준히 섭취하면, 그녀의 양수는 계속 미네랄발란스를 유지하게 된다. 따라서 미네랄발란스가 이루어진 양수에서 성장한 태아는, 선천적으로 모든 세포핵 구심력이 강하므로, 한평생 건강한 삶을 살아가게 된다.

핵 용액은 최고의 수액(링거액)이다.

미네랄발란스 수액을 모야모야병 환자와 코로나바이러스 환자에게 투여한 사실이 있다.

65세의 모야모야병 환자(여성)가 수축기혈압이 55로 떨어질 정도로 위중한 상태에 이르자, 담당 의사는 당일 사망할 것이라는 사망 선고를 내리며 가족들을 모이라고 했다. 그러나 코로나 사태로 국경이 봉쇄된 상황에 외국으로 출장 갔던 그의 외아들이 귀국할 수 없게 되자, 가족의 요청에 따라 담당 의사의 결정으로 0.2% 핵 용액을 수액으로 환자의 코 혈관을 통해 투여했다.

그러자 즉시 환자의 혈압이 110으로 상승하며 의식을 회복했고, 그 후 그녀는 음식이나 물을 먹거나 마시지 못한 상태에서도, 미네랄발란스 수액만으로 60여 일을 더 생존하며 생을 정리할 수 있었다. 결국, 사망했지만 만일 미네랄발란스 수액의 농도를 0.4% 이상으로 조절했더라면 환자가 완치되거나 더 오래 생존할 수 있었을 것이다.

어쨌든 미네랄발란스 수액은 빠르고 효과적으로 무너진 혈액의 미네랄발란스를 회복시켜 세포핵 구심력을 강해지게 하므로 더는 치료 방법이 없어 사망하기 일보 직전의 환자도 2달 이상을 더 생존하게 한다.

또한, 코로나바이러스에 감염된 환자에게 환자의 가족이 핵 용액을 링거액으로 투여한 사실이 있다. 환자는 갑상선암으로 갑상선제거수술을 받았고, 파킨슨 증세를 보이는 60대 후반의 기저질환을 지닌 여성 환자였다. 그녀는 코로나바이러스에 감염되어 고열과 기침으로 시달리고, 후각과 미각 신경이 마비되어 맛과 냄새를 맡을 수 없었으며, 식욕이 없어 4일간 아무것도 먹거나 마시지 못해 매우 위중한 상태였다.

이에 환자의 가족이 링거액 팩에 0.4% 핵 용액을 넣어 환자의 혈관에 투여하자, 그 순간부터 환자의 상태가 호전되기 시작해, 2-3일이 지나자 거의 회복하게 되었고, 1주일이 지나자 완전히 정상으로 돌아오게 되었다.

핵 용액은 혈관에 투입해도 어떤 부작용도 발생하지 않는다. 100여 가지 미네랄 원소와 13가지 비타민은 혈액과 세포핵 속에 반드시 있어야만 하는 물질이기 때문이다. 따라서 핵 용액은 복잡한 임상 시험을 거치지 않고 그대로 수액으로 사용해도 안전성에 전혀 문제가 없다.

그러나 혈액과 세포에 해로운 화학물질로 만든 약이나, 바이러스를 원료로 제조한 백신을 혈관에 투여하려면 반드시 엄격한 임상 시험을 거쳐야만 한다.

왜냐하면, 그런 물질을 먹거나 혈관에 투입하면 혈액이 산성화되어 사람이 죽거나 심한 후유증을 앓기 때문이다. 따라서 그런 물질을 몸에 투입하려면 어느 정도 투입해야 사람이 죽거나 후유증이 발생하는지를 임상 시험을 통해 미리 알아야만 한다. 그런데도 수많은 사람이 임상 시험을 거친 항생제와 백신으로 인해 죽거나 후유증으로 고통받고 있다.

미네랄발란스 수액은 코로나바이러스로 죽어가는 수많은 생명을 구할 수 있는 최적의 방안이다. 코로나바이러스에 감염되거나, 코로나바이러스 백신을 맞고 생사를 오가거나, 후유증으로 고통을 겪고 있는 수많은 환자는 스스로 핵 용액을 마시거나 소화할 힘도 없는 경우가 많기 때문이다.

또한, 미네랄발란스 수액은 각종 마약과 알콜 중독으로 시들어가는 수많은 생명을 구할 수 최적의 수단이다. 마약이나 알콜에 중독되면 혈액과 세포에 마약이나 알콜 성분이 자리 잡고 끊임없이 더 많은 마약과 알콜을 요구하므로 그 중독에서 벗어나는 것은 너무도 힘겨운 일이다.

하지만 일정 기간 미네랄발란스 수액을 투여하는 동시에 핵 용액을 마시면, 혈액과 세포에 자리 잡은 마약과 알콜 성분은 빠르게 분해되며 사라지고, 그곳에 미네랄 원소들이 자리 잡게 되므로 쉽게 중독에서 벗어나게 된다.

핵 용액은 몸의 힘을 강해지게 한다.

핵 용액을 손에 들고 있거나, 섭취하거나, 정맥에 주사하면, 즉시 몸의 힘이 강해지고 균형을 잡는 능력이 향상되는데, 이는 AK테스트를 하면 쉽게 확인할 수 있다.

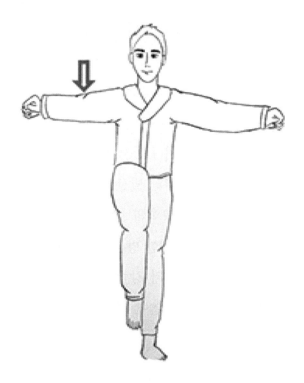

❖ 그림 42, AK테스트

AK테스트는 〈그림 42〉처럼 두 팔을 양옆으로 벌리고 한쪽 다리를 들고 선 자세에서, 실험자가 피실험자의 다리를 들고 있는 방향의 팔꿈치를 화살표 방향으로 가볍게 눌러 피실험자가 넘어지지 않고 버티는 힘의 세기를 측정하는 실험이다.

피실험자가 핵 용액을 손에 들기 전과 후에, 핵 용액을 마시기 전과 후에 각각 AK테스트를 실시하면, 들기 전보다 들고 있으면 적어도 3~4배 이상, 마시기 전보다 마신 후에는 적어도 5~10배 이상 균형감각과 버티는 힘이 강해졌음을 실험자와 피실험자는 동시에 느끼게 된다. 또한, 그 힘의 편차는 면역력이 떨어진 사람일수록 크다는 것도 알게 된다.

이렇게 핵 용액을 들고 있거나 마시기만 해도 즉시 힘이 강해지는 것은, 미네랄 원소들로부터 발산하는 강력한 슈만 공명주파수가 육체로 흡수되어 세포핵의 강한 구심력으로 발산되기 때문이다. 실제로 핵 푸드에 대한 방사능 측정 실험에서 방사능 물질에서 발산하는 파동보다 더 강력한 슈만 공명주파수가 발산하는 것을 확인한 실험자가 놀란 사실도 있다.

손으로 잡고만 있어도 힘(생명력)이 강해지는 핵 용액을 꾸준히 섭취하면 얼마나 생명력이 강해지겠는가?

핵 용액을 꾸준히 섭취하면, 시간이 지날수록 힘이 강해지고 균형감각이 향상되는 것을 스스로 느낄 수 있는데, 필자는 이를 직접 경험했다. 핵 용액을 섭취하기 이전의 필자는 힘이 약하고 균형감각이 매우 떨어진 상태였다. 하지만 48개월 정도 핵 용액을 섭취하자 몸의 힘이 7배 이상 강해지고 균형감각이 뚜렷하게 향상되는 것을 필자뿐만 아니라 주변 사람들도 확연히 느낄 수 있었다.

핵 푸드 개발자는 평생 연구만 한 사람으로 계절마다 감기를 달고 살아온 약골이었다. 하지만 15년 이상 핵 푸드를 연구·개발하는 과정에 실험을 위해 개발품을 직접 섭취한 결과, 현재는 한쪽 손의 엄지손가락 하나만으로 팔굽혀펴기를 10회 이상을 할 수 있을 정도로 힘이 강해졌다. 이는 몸을 구성하는 혈액의 미네랄발란스가 완벽하게 이루어졌고, 모든 세포핵 구심력이 강해졌기에 가능한 일이다.

핵 용액은 가축·식물 등 모든 생명에 똑같이 적용된다.

식물이나 가축도 원시 바닷물에서 태어나고 진화한 세포들로 이루어진 생명체들이다. 따라서 핵 용액을 가축에게 먹이거나, 분무기에 넣어 전신에 뿌려주면 세포핵 구심력이 강해지므로 모든 질병을 치유하게 된다. 또한, 핵 용액을 물에 희석하여 식물을 재배하면, 식물은 건강하게 성장하여 많은 열매를 맺게 된다.

조류인플루엔자(AI)나 구제역 등의 가축 질병도 가축의 혈액과 미네랄발란스가 무너져 세포핵 구심력이 약해지며 발생하는 증상 중 하나다. 따라서 핵 워터를 가축들의 식수로 사용하면, 저렴한 가격으로 조류인플루엔자와 구제역 등의 가축 질병이 원천적으로 차단하게 된다.

또한, 각종 질병에 걸린 가축들에게 핵 워터를 먹이면, 혈액의 미네랄발란스가 이루어지므로 빠르게 치유된다. 따라서 가축 질병으로 인해 수많은 가축을 생매장하지 않아도 된다. 특히 가격이 저렴한 핵 워터는 가축 질병을 예방하거나 치료하는 것을 넘어, 저렴한 가격으로 건강한 가축을 생산하는 최적의 수단이다.

마찬가지로 적당한 농도의 핵 워터로 야채와 과일 등의 농작물을 재배하면, 농약이나 화학비료를 사용하지 않아도 탄저병과 같은 각종 병충해를 막아내고 미네랄 원소를 풍부하게 함유한 최상품의 농작물을 생산하게 된다.

　따라서 농작물을 재배하기 위해 1년에 40여 회에서 10여 회 이상 농약과 비료를 살포할 이유가 사라지게 된다. 이렇게 핵 용액은 모든 생명에게 맛있는 식품이자 최절정의 치료제이고, 유익한 소독제이자 천연비료이다.

핵 의학으로

기존 의학은 분열적이고 복잡하며 비효율적이고 비경제적이지만, 핵 의학은 통합적이고 단순하며 효율적이고 경제적이다.

기존 의학은 모든 질병마다 진단 방법과 치료하는 약제의 종류와 그 양이 다르며, 치료하는 의사와 그 전문 분야도 다르다. 따라서 수많은 전문 분야가 존재하고, 헤아릴 수 없을 정도로 다양한 약제를 생산하는 제약회사들이 필요하며, 수많은 의사가 계속 충원되어야 한다.

그러나 너무 복잡해서 한 사람의 의사가 그 모든 영역을 이해하기는 불가능하고, 질병을 치료하려면 비싼 값을 치러야 한다. 그렇다고 기존 의학이 질병을 효과적으로 치료하는 것도 아니다. 고혈압약을 수십 년 동안 복용해도 혈압이 낮아지지 않고 오히려 높아지며, 항바이러스제를 복용해도 바이러스는 퇴치하지 못하고 오히려 항바이러스제에 의해 사람이 죽어가고, 그 외의 모든 약제와 치료는 증상만 완화할 뿐 질병의 뿌리를 제거하는 것과는 거리가 멀다.

만일 녹고 있는 영구 동토층에서 새로운 바이러스가 나타나면, 기존 의학으로 그것을 박멸하는 것은 불가능하다. 그러므로 인간은 결코 질병과 노화와 죽음의 두려움에서 벗어날 수 없고, 기존 의학으로 모든 인간이 신으로 진화하는 것은 불가능하다.

그러나 단순한 핵 의학은 핵 워터와 핵 푸드로 혈액의 미네랄 발란스를 이루게 함으로써 모든 질병을 한꺼번에 치유한다. 따라서 앞으로 혈액을 산성화시켜 질병을 치유하는 어리석은 치료법은 사라지고, 식품으로 모든 병을 치료하는 시대가 열릴 것이다.

이제 암도, 새로운 바이러스를 비롯한 어떤 질병도 두렵지 않게 된다. 그냥 핵 용액을 섭취하거나 수액으로 투입하면 어떤 질병이든 그것을 극복하기 때문이다. 따라서 모든 사람은 자기 몸의 최고 전문가가 된다.

고비용의 진단 장비를 사용할 필요가 없고, 질병마다 다른 약제를 처방받을 이유도 없으며, 아플 때마다 의사의 도움을 받지 않아도 된다. 왜냐하면 질병으로 몸이 불편하다는 것은 자기 자신만이 알 수 있고, 누구나 핵 워터와 핵 푸드로 자신의 모든 질병을 치료할 능력이 있기 때문이다.

앞으로 기존 의학은 핵 의학으로 빠르게 발전할 것이다. 건강은 균형, 즉 발란스(Balance)다. 미네랄발란스는 원소 차원의 균형이고, 슈만 공명주파수는 전자기력 차원의 균형이다.

앞으로 핵 의학은 빛·전자기장·소리·향기 등을 발산하는 다양한 형태의 슈만 공명주파수 발생 장치(침대·캡슐 등)를 만들어 낼 것이고, 이를 사용하여 모든 질병을 치료할 것이다.

그리고 조금 더 시간이 지나면, 모든 사람은 언제나 슈만 공명주파수 안에서 생활하게 될 것이다. 집·자동차·직장·농장 등 사람이 머무는 모든 곳은 슈만 공명주파수가 감싸게 되므로, 모든 사람은 언제나 건강하고 지구촌에 세균 등이 자리 잡을 곳은 없을 것이다.

여기에 자신이 신이라는 진리를 받아들이면, 뇌하수체가 열려 두뇌가 완전히 활성화되므로, 무한한 생각으로부터 무한한 초의식이 끝없이 들어오고, 그에 따라 모든 세포는 언제나 젊음을 유지하므로 결국 육체를 극복하고 신으로 진화하여 완전히 자유로운 존재가 될 것이다.

제5장

핵 국가학

통합적이고 단순하며 효율적인 신국에서 국가 차원의 노화·질병·죽음은 한순간에 사라지게 된다. 전쟁이 영원히 사라지고, 독재·기아·빈곤·약탈·지구온난화·에너지·물·무역·채무·성장·분배·마약 등등 지구 차원의 수많은 문제가 한순간에 뿌리가 잘리면서 사라진다. 따라서 모든 인간은 생존에 대한 두려움을 초월하므로 생명력이 획기적으로 강해져, 신국에 태어난 사람은 누구나 신으로 진화하게 되고, 신국은 지금까지 존재했던 그 어느 국가보다 위대한 국가가 되어 그 어느 문명보다 위대한 문명을 꽃피우며 영원히 존재하게 될 것이다.

국가핵 구심력

　국가는 수많은 국민으로 이루어진 하나의 독존적 생명체다. 수많은 세포가 하나의 시스템으로 조화를 이루어 몸이라는 하나의 독존적인 생명체를 창조하듯이, 수많은 사람은 하나의 시스템으로 조화를 이루어 국가라는 하나의 독존적인 생명체를 창조한다.

　몸은 수많은 세포를 포괄하고, 국가는 수많은 국민을 포괄한다. 따라서 몸 생명력의 강·약에 따라 수많은 세포 생명력이 강해지거나 약해지는 것처럼, 국가 생명력의 강·약에 따라 수많은 국민 생명력도 강해지거나 약해진다.

　세포는 신들이 창조한 생명체다. 신들은 혈액에 다양한 미네랄 원소들이 충분히 존재하면, 저절로 생명력이 강한 미네랄 원소들은 세포핵에, 생명력이 약한 일반 원소들은 세포질에 자리 잡도록 세포를 창조했다.

따라서 인간이 미네랄 원소들을 충분히 섭취하면, 혈액의 미네랄발란스가 이루어지며 저절로 세포핵 구심력(생명력)은 강해지므로, 세포는 소용돌이 형태로 존재하고 핵 원리로 작동하게 된다.

국가는 국민이 창조한 생명체다. 국가핵과 그 주변도 국민이 설계하여 창조하기 전에는 존재하지 않는다. 그러므로 국민은 국가의 창조주다.

국민은 국가의 형태와 작동방식을 헌법으로 설계함으로써 국가를 창조한다. 헌법은 국가권력 구조의 형태와 작동방식을 규정하는 기본법이기 때문이다.

따라서 생명력이 강한 국가를 창조하려면, 국민이 헌법으로, 생명력이 강한 요소는 국가핵에, 생명력이 약한 요소들은 그 주변에 자리 잡도록, 국가핵과 그 주변을 소용돌이 형태로 규정해야 한다.

국가를 구성하는 요소 중 가장 생명력이 강한 요소는 국민이다. 왜냐하면, 국가의 존재 이유는 국민이고, 모든 권력의 원천도 국민이며, 국가의 최초이자 최종적인 의사결정도 국민만이 할 수 있고, 국민만이 국가의 주인으로서 주인의 권리(主權)를 행사할 수 있기 때문이다.

그러므로 생명력이 강한 국가를 창조하려면, 국민 스스로 국가핵에 자리 잡고, 그 외의 요소는 주변에 자리 잡도록 헌법으로 규정해야 한다.

국민이 국가핵에 자리 잡으면, 국가핵의 구심력이 강해지므로, 국가는 소용돌이 형태로 존재하고 핵 원리로 작동하게 된다. 따라서 국가를 구성하는 모든 요소는 하나로 통합되고, 국가 시스템은 단순해지며 효율적이고 경제적으로 작동하게 된다.

그러나 국민이 헌법으로 국가핵을 창조하지 못하거나, 국가핵을 창조해도 국민 이외의 권력자(대통령, 의회 등)나 정당 등이 국가핵에 자리 잡도록 규정하면, 국가핵의 구심력은 약해진다.

국가핵의 구심력이 약해지면, 국가의 형태는 찌그러지고 핵 원리로 작동하지 못하게 된다. 따라서 국가는 분열되고 국가 시스템은 복잡해지며 비효율적으로 작동하므로 국가 엔트로피는 증가하는데, 이를 국가 차원의 노화와 질병이라고 한다.

국가 차원의 노화는 시간에 의해, 질병은 내부의 분열하려는 세력의 원심력에 의해, 국가 엔트로피가 높아지며 찌그러지는 현상이다.

노화와 질병에 의해 국가가 분열되어 찌그러지면, 엔트로피는 더 높아지고, 더 심하게 분열되어 찌그러지는 악순환에 빠져,

결국 생명력이 완전히 사라지며 국가는 분해되며 멸망하는데, 이를 국가의 죽음이라고 한다.

국가가 죽으면, 국가를 구성하는 국민의 생명력은 엄청나게 약해지므로 수많은 국민의 죽음으로 이어지게 된다.

구심력이 강한 국가핵을 창조하려면, 수레바퀴 원리로 국가권력 구조를 창설하면 된다. 수레바퀴는 인간이 창안한 가장 단순한 소용돌이 형태의 구조물로서, 그 한가운데에는 핵에 해당하는 중심축과 바퀴통이 존재하고, 그 주위에는 주변에 해당하는 바퀴살과 바퀴테가 대칭형으로 존재하는 구조이기 때문이다.

바퀴테　　　바퀴통　　　수레바퀴핵(중심축)　　　바퀴살

바퀴테권력　　　바퀴통권력　　　국가핵(국가중심축)　　　바퀴살권력

❖ 그림 43, 수레바퀴의 구조와 수레바퀴 형태의 국가권력 구조

수레바퀴 원리로 작동하는 국가권력 구조는, 〈그림 43〉처럼 수레바퀴에서 특정한 부분이 담당하는 기능을, 국가권력 구조에서 같은 부분에 해당하는 국가권력이 같은 기능을 담당하도록 헌법으로 규정하는 방식으로 만들어진다.

수레바퀴 형태로 국가권력을 배치한 후,

바퀴통권력은 수레바퀴의 바퀴통과 같은 역할을,

바퀴살권력은 수레바퀴의 바퀴살과 같은 역할을,

바퀴테권력은 수레바퀴의 바퀴테와 같은 역할을,

국민은 수레바퀴의 중심축과 같은 역할을 담당하도록 헌법으로 규정하면 되는 것이다. 이렇게 수레바퀴 원리로 창설된 헌법을 편의상 '수레바퀴 헌법'이라 칭하기로 한다.

수레바퀴 헌법의 창설 순서는,

첫째, 〈그림 44〉의 1처럼 수레바퀴의 바퀴통의 역할을 담당하는 국가권력(이하 바퀴통권력이라 한다)을, 국가권력 구조의 중심에 수레바퀴의 바퀴통처럼 가운데가 텅 빈 둥근 원의 형태로 배치하고,

둘째, 〈그림 44〉의 2처럼 수레바퀴의 바퀴살 역할을 담당하는 국가권력(이하 바퀴살권력이라 한다)을, 바퀴통권력의 주변에 수레

바퀴의 바퀴살처럼 대칭형으로 배치하며,

셋째, 〈그림 44〉의 3처럼 수레바퀴의 바퀴테 역할을 담당하는 국가권력(이하 바퀴테권력이라 한다)을, 바퀴살권력의 주변에 수레바퀴의 바퀴테처럼 국가권력 구조 전체를 감싸는 형태로 배치한 후,

마지막으로 〈그림 44〉의 4처럼 수레바퀴의 중심축 역할을 담당하는 국가권력인 국민이, 수레바퀴의 중심축처럼 국가핵에 자리 잡는 순서로 국가권력 구조를 창조하면 된다.

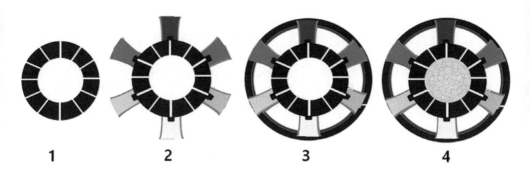

❖ 그림 44, 수레바퀴 형태의 국가권력 구조가 만들어지는 순서

수레바퀴 헌법으로 국가권력 구조를 창조하는 과정과 원리를 조금 더 구체적으로 살펴보면,

첫째, 〈그림 44〉의 1과 같은 형태로 바퀴통권력부터 창설해야한다. 바퀴통권력은 국가권력 구조의 한가운데에서 바퀴살권력들을 하나로 묶어주고, 그 중심에 국민이 국가핵으로 자리 잡게 하여 국가핵을 보위하며, 국가핵이 이끄는 방향으로 국가권력을 작동시키는 권력이기 때문이다.

그러므로 바퀴통권력은 국가핵에서 가해지는 압력을 감당하는 동시에 바퀴살권력들을 통해 전달되는 외부세계의 충격도 이겨내야 하므로 매우 튼튼해야 한다.

또한, 바퀴통권력의 한가운데에는 권력이 텅 빈 부분이 존재하여, 그곳에 국가핵이 자리 잡을 수 있어야 한다.

바퀴통권력이 튼튼하려면, 국가핵이 바퀴통권력에 가장 크고 많은 양의 국가권력을 위임하고, 국가를 분열시키는 요소가 바퀴통 권력에 개입할 수 없도록 헌법으로 규정하면 된다.

국가핵으로부터 바퀴통 권력이 가장 크고 많은 권력을 위임받는다는 것은 바퀴통 권력이 국가핵 다음으로 높고 강한 권력을 지녔다는 의미이다.

국가를 분열시키는 요소가 바퀴통 권력에 개입할 수 없도록 하는 것은, 태생적으로 분열적인 요소인 정당·종교·노동조합 등의 지도자 등이 바퀴통 권력으로 침투하는 것을 방지해야 함을 의미한다. 바퀴통 권력에 분열적인 요소가 개입하여 바퀴통 권력이 분열하는 순간 국가권력 구조는 물론 국민과 국가 전체가 분열하며 붕괴하기 때문이다.

바퀴통권력의 한가운데에 권력이 텅 빈 부분이 존재하려면, 바퀴통권력에 구멍을 뚫어야 한다.

바퀴통권력의 한가운데에 구멍이 뚫려 텅 비었다는 것은, 그곳은 국가핵으로 존재하는 국민 이외의 다른 권력이 존재하지 않는 '권력의 진공상태'임을 의미한다.

바퀴통권력에 구멍을 뚫어 권력의 진공상태를 창조하려면, 〈그림 44〉의 1처럼 다수의 권력자로 바퀴통권력을 구성하고, 그들의 권력의 크기를 똑같이 하며, 그들이 공동으로 국가 최고권력을 행사하도록 헌법으로 규정하면 된다.

그렇게 하면, 바퀴통권력을 구성하는 다수의 권력자가 지닌 똑같은 크기의 권력들은 중심을 축으로 서로 대칭을 이루므로, 그 한가운데에는 같은 크기의 권력들이 서로 상쇄되어 권력이 텅 빈, 권력의 진공상태가 창조된다.

〈그림 44〉의 1은 바퀴통처럼 둥글게 배열된 12개의 똑같은 크기의 권력자들이 둥글게 배치되어 서로 대칭을 이룸으로써, 그 한가운데에 권력의 진공상태가 창조된 형태다.

둘째, 〈그림 44〉의 2처럼 바퀴통권력 주변에 배치한 바퀴살권력들은, 바퀴통권력으로부터 사방으로 펼쳐져야 하고, 그 크기가 똑같아 대칭을 이루어야 하며, 바퀴통권력과 단단하게 결합해야 하고, 튼튼해야 한다.

바퀴살권력들이 바퀴통권력으로부터 사방으로 펼쳐지려면, 바퀴통권력이 보유한 권력 중의 상당 부분을 여러 개로 나누어, 같은 수의 바퀴살권력들에 위임하도록 헌법으로 규정하면 된다.
이렇게 하면 바퀴살권력들은 사방으로 펼쳐져 모든 국가영역을 빠짐없이 관장하게 된다.

바퀴살권력들의 크기는 똑같아야 한다. 만일 바퀴살권력들의 크기가 서로 다르면, 국가권력 구조는 찌그러지므로 국가권력 구조는 소용돌이 형태로 존재할 수 없다. 하지만 서로 다른 국가영역을 담당하는 바퀴살권력들은 성격이 다르므로, 바퀴살권력들의 크기도 서로 다를 수밖에 없다.
이렇게 성격이 서로 다른 바퀴살권력들의 크기를 똑같이 하려면, 바퀴살권력들의 수장이 지닌 권력의 크기가 똑같도록 헌법으로 규정하면 된다. 바퀴살권력들의 수장이 지닌 권력의 크기가 똑같으면, 바퀴살권력들의 성격이 달라도 그 크기는 똑같아지기 때문이다.

바퀴통권력을 구성하는 다수의 권력자들은 공동으로 국가 최고 권력을 행사하므로 그들이 지닌 권력의 크기는 똑같다. 따라서 〈그림 44〉의 2처럼 바퀴통권력을 구성하는 권력자들이 바퀴살권력들의 수장 역할을 하나씩 맡아 담당하도록 헌법으로 규정하면, 바퀴살권력들의 크기는 완전히 똑같아지게 된다.

또한, 〈그림 44〉의 2처럼 바퀴통권력을 구성하는 권력자들의 수(12)를 바퀴살권력들의 수(6)의 2배수로 선출하여, 남녀 2인 1조로 바퀴살권력의 수장 역할을 공동으로 수행하도록 헌법으로 규정하면, 바퀴살권력의 행사에 음양(陰陽)의 조화가 이루어지므로 바퀴살권력들은 더욱더 균형을 이루게 된다.

이렇게 바퀴통권력을 구성하는 권력자들이 바퀴살권력들의 수장 역할을 맡게 되므로 바퀴통권력과 바퀴살권력은 하나로 단단하게 결합한다.

바퀴살권력들의 크기가 시간이 지나도 계속 똑같아지려면, 바퀴통권력을 구성하는 권력자들이 바퀴살권력들의 수장을 일정 기간씩 돌아가면서 맡도록 헌법으로 규정하면 된다. 이렇게 하면 수레바퀴가 굴러가듯이, 수레바퀴 형태의 국가권력 구조도 회전하며 핵 원리로 작동하므로 시간이 지날수록 국가의 엔트로피는 낮아지고 생명력은 강해지게 된다.

또한, 바퀴통권력을 구성하는 권력자들이 남녀 2인 1조로 바퀴살권력의 수장을 맡을 경우, 남성과 여성의 회전 방향을 달리하면, 국가권력은 더욱더 조화와 균형을 유지하며 맷돌처럼 양방향으로 회전하므로 핵 원리는 더욱더 효율적으로 작동하게 된다.

이처럼 국가권력이 회전하지 않으면, 권력자 개인의 능력이나 바퀴살권력의 성격에 따라 바퀴살권력들의 크기가 달라지므로 시간이 지날수록 국가권력 구조는 찌그러지게 된다.

셋째, 〈그림 44의 3〉과 같은 형태로 바퀴살권력의 주변에 바퀴테권력을 배치해야 한다. 이렇게 국가권력 구조의 외곽에 바퀴테권력을 배치하면, 국가권력은 국가영역의 끝까지 빠짐없이 통할하게 된다.

바퀴테권력은 국가의 외곽을 구성하는 틀이므로 국가권력의 일선에서 국민 또는 외부 세계와 직접 접촉하는 권력이다. 따라서 바퀴테권력은 외부 세계로부터 국가를 수호하는 권력이자, 내부의 치안과 질서를 유지하는 권력이며, 국가중심체·바퀴살권력들과 일체가 되어 직접 국민과 접촉하는 권력이다.

바퀴테권력이 바퀴살권력들과 일체가 되어 하나로 작동하려면 바퀴살권력들과 바퀴테권력을 상명하복(上命下服)의 관계라는 점을 헌법에 명시하면 된다.

또한, 바퀴테권력이 공정성과 유연성을 겸비하게 하려면, 모든 권력자는 국민의 공복이라는 점을 헌법에 명시하고, 이를 위반하는 경우 엄정하게 책임을 묻는 동시에 적정한 범위의 재량권을 인정하면 된다.

넷째, 바퀴통권력, 바퀴살권력들, 바퀴테권력이 제자리에 배치되면, 국가를 구성하는 모든 권력기관은 수레바퀴 형태로 아귀가 딱 맞게 꽉 끼워져 단단하게 하나로 결합하므로 쉽게 찌그러지지 않는다.

이제 그 중심에 〈그림 44〉의 4처럼 국민이 국가핵으로 자리 잡으면 수레바퀴 헌법은 완성되고, 국민은 국가핵이자 왕이고 주인으로서 모든 국가권력을 작동시키게 된다.

따라서 국가핵의 구심력은 최대치로 강해지므로, 국가는 효율적인 핵 원리로 작동하게 된다.

핵 원리로 작동하는 국가

❖ 그림 45, 수레바퀴 형태의 국가권력 구조

수레바퀴 헌법의 국가권력 구조에 편의상 〈그림 45〉처럼 바퀴통권력은 국가중심체로, 6개의 바퀴살권력들은 국무·법무·사법·문화·입법·경제로, 바퀴테권력은 공무원조직이라고 이름을 붙였다. 그리고 국가핵으로 존재하는 국민은 다수의 노란색 점들로 이루어진 둥근 원으로 표현해 국가권력 구조의 평면도를 그려보았다.

국민은 국가핵에 자리 잡고, 12인의 국가중심인들로 구성된 국가중심체는 국가핵 주변을 수레바퀴의 바퀴통(핵막)처럼 감싼 형태로 자리 잡으며, 그 주변에 분립된 6개의 바퀴살권력이 존재하고, 그 주변에 공무원조직이 자리 잡은 형태다.

수레바퀴 헌법은 국가중심체의 주변에 국무·법무·사법·문화·입법·경제 등의 6개의 바퀴살권력들이 정육각형 형태로 배치되고, 그 외곽은 공무원조직이 존재하는 수레바퀴 형태다. 이렇게 12인의 국가중심인과 6개의 바퀴살권력들을 정육각형 (헥사곤, hexa-gon) 형태로 배치한 이유는,

첫째, 핵사곤은 소용돌이 형태이므로 그 중심에 핵이 자리 잡으면, 우주의 생명력을 효율적으로 끌어당겨 응축하고 증폭하여 발산한다. 따라서 국가 구심력이 강해지므로 국민의 생명력과 창의력이 강해지고,

둘째, 〈그림 46〉처럼 핵사곤 형태는 수백 개의 정육각형 벌집들이 모여 거대한 하나의 벌집을 형성하며 조화롭게 존재하는 것처럼, 지구촌의 모든 국가가 모여 하나의 국가를 이루며 조화롭게 존재하는 구조이므로 지구촌에 평화를 가져오기 때문이다.

❖ 그림 46, **정육각형 형태의 벌집 구조**

국가핵과 국가중심체는 핵과 핵막으로 구심력을 발휘하는 수레바퀴 헌법의 핵심이다. 이에 국가핵과 국가중심체가 핵 원리

로 국가를 하나로 통합하는 원리를 집중적으로 살펴보면,

국민은 국가의 핵이자 주인이고 왕으로서 국가의 주권을 행사한다. 국가핵은 국가중심인과 국회의원 선거권, 지방정부 구성권, 중요정책과 헌법개정에 대한 국민투표권, 국가중심인에 대한 탄핵결정권 등은 직접 행사하고, 나머지 권력은 국가중심체와 국회에 해당 선거의 유권자 수에 비례하는 만큼 위임하여 행사한다.

따라서 전체 국민이 12번의 직접선거로 선출한 12인의 국가중심인으로 구성된 국가중심체는, 전체 국민의 한 번의 선거로 선출한 300인의 국회의원으로 구성된 국회의 12배에 해당하는 권력을 위임받게 된다.

국가핵은 선거를 통해 임기 6년의 국가중심인을, 매년 남성 1인과 여성 1인을 동시에 선출하고. 그렇게 6년에 걸쳐 선출된 총 12인의 국가중심인으로 국가중심체를 구성한다.

국가 구심력은 국가핵과 국가중심체에서 발현한다. 따라서 국가 구심력이 강하려면, 국가를 분열시키는 요소가 국가중심인으로 선출되어 국가중심체의 구성원이 되는 것을 원천적으로 차단해야 한다.

세포와 국가는 서로 닮은 프렉탈 구조로써 같은 원리로 작동한다. 세포 차원의 세균과 바이러스는 국가 차원에서 정당이다. 따라서 정당은 국가를 분열시키는 세균과 바이러스다. 정당은 세균과 바이러스처럼 국가권력 구조 외부에서 특정 이념을 중심으로 결합한 사적(私的)인 정치 결사체가 국가권력 구조로 들어와 국가를 장악하기 때문이다.

모든 정당은 특정 이념을 지향한다. 따라서 정당이 정권을 잡으면 극단적인 방향으로 향할 수밖에 없고, 결국 분열과 독재로 이어지는 것이 정당의 필연적인 운명이다. 따라서 정당이 국가 중심체에 간여하게 되면, 국가는 뿌리부터 분열되므로 얼마 지나지 않아 망하게 된다.

정당이 정권을 장악하는 것은, 세포가 외부에서 들어온 세균이나 바이러스에 감염되는 것과 같은 현상이다. 특히, 공산당 바이러스는 가장 지독한 국가 차원의 바이러스다.

따라서 공산주의 이념에 감염된 정치조직이 존재하면, 일반 세균이 바이러스에 감염되는 것처럼, 일반 정당도 공산당 바이러스에 감염되어 공산당으로 변질되게 된다. 또한, 세포가 바이러스에 감염되면 암세포로 변화하듯이, 국가가 공산당에 감염되면 암적인 국가로 변하게 되고, 암세포가 주변 세포에 암을 전파하는 것처럼 주변국을 암적인 공산국가로 변이시키게 되므로 결국 지구촌 모든 국가와 국민의 죽음으로 이어지게 된다.

그러므로 정당설립의 자유는 보장하되, 정당 소속 정치인은 선거 5년 이전에 탈당하여 정당과의 연관성이 완전히 끊어지지 않으면, 국가중심인으로 출마할 수 없음을 수레바퀴 헌법으로 규정해야 한다.

또한, 정당의 구성원은 국회의원과 지방의회의원 이외의 국가공직자로 활동할 수 없음을 규정함으로써, 정당이 국회와 지방의회 이외의 국정에 간여할 가능성과 정당으로 인해 국가가 분열될 가능성을 원천적으로 제거해야 한다.

마찬가지로 종교집단과 노동조합의 지도자도 국가중심체의 구성원이 될 수 없다는 점도 헌법으로 규정하게 된다. 지금 대부분 종교와 노조는 분열된 이념의 한가지 형태로 존재하기 때문이다.

국가핵은 국가중심체에 국가최고권력을 위임하고, 국가중심체를 통해 전체 국가권력을 작동시킨다. 국가핵은 1년에 2인의 국가중심인을 선출하는 것을 비롯한 국회의원 선출 등 모든 권력행사를 선거를 통해 행사한다. 따라서 선거는 국가핵이 주권을 실질적으로 행사하는 가장 중요한 수단이다.

그러므로 부정선거가 행해지면, 국민의 기본권은 물론, 국가핵의 자리까지 부정선거 주모자들에게 빼앗기게 되고, 국민은 돈을 벌어 세금이나 내는 노예로 전락하게 된다. 따라서 국가핵의 구심력은 극도로 약해지므로 국가와 국민의 생명력도 약해진다.

그러므로 국가의 생명력이 강해지려면, 단 한 표라도 부정선거가 끼어들 여지가 없어야 하는데, 현재 부정선거는 전 세계적으로 행해지고 있는 것 같다. 이에 수레바퀴 헌법은 '피드백(feedback) 선거제도'를 채택하여 부정선거의 뿌리를 제거하게 된다.

피드백 선거제도의 핵심은, 투표권을 행사한 국민 개개인은 자신이 행사한 표가 정상적으로 계수되는지를 확인할 권리와 비밀투표를 할 권리를 보장함으로써 국민의 투표가 왜곡되지 않도록 하는 것이다.

이를 위해 모든 선거의 선거인명부는 투표 이전에 공개하여 국민과 국가중심체의 엄격한 검증을 받고,

투표는 투표소에 비치되거나 개인이 소지한 SNS 기기의 앱(application)에서 엄격한 신원 확인 절차를 거쳐 전자투표로 행해지며,

선거는 AI컴퓨터에 의해 관리되고,

모든 국민은 자신이 투표한 표가 개표과정에서 정상적으로 계수되는지를 확인할 권리가 있음을 수레바퀴 헌법에 규정하게 된다.

투표(In put)

인증서(고유번호, 기표내용)**발급**(Out put)

투표 종료 후 인증서와 기권자 공개.

인증서와 다른 경우 이의제기

국민

❖ 그림 47, **피드백(feedback) 선거제도**

이를 보장하기 위해 〈그림 47〉처럼 국민 개개인의 투표(In put)
가 행해지는 즉시 AI컴퓨터는 해당 투표자에게 해당 선거에서
의 고유번호를 부여하는 동시에 '고유번호'와 '기표내용'이 기재
된 '인증서'를 즉시 투표자에게 교부(Out put)하며,

투표 종료와 동시에 기권자 명부와 모든 고유번호별 기표내용
을 투명하게 공개해야 함을 수레바퀴 헌법으로 규정하게 된다.

만일 인증서와 고유번호의 기표내용이 단 한 표라도 다르거
나, 투표자 수보다 개표자 수가 많은 경우 해당 선거는 무효로
하고, 재선거를 시행한다.

또한, AI컴퓨터에 대한 해킹 등의 방법으로 부정선거를 시도한 주범은 물론이고 공무원으로서 부정선거에 가담한 자는 반역죄로서 절대적 법정형인 사형에 처하고, 그 형에 대한 사면과 감형을 금지하며, 사형은 재판 확정 후 6개월 이내에 집행하도록 헌법과 형사법에 규정한다.

또한, 공무원으로서 동료의 부정선거를 묵인한 자 또한 공범으로 엄하게 처벌함으로써 부정선거의 주범은 물론 공범을 영원히 사회에서 격리하고, 부정선거는 그 어떤 범죄보다 주권자인 국민을 해하고 국가에 반하는 범죄라는 점을 명확히 한다.

스탈린은 '선거한 사람들은 아무것도 결정하지 않는다. 표를 세는 사람이 모든 것을 결정한다'라고 했다. 따라서 스탈린의 말처럼 되지 않으려면, 표를 세는 사람에 대한 투명성과 공정성이 담보되어야 한다. 투명성과 공정성은 표를 세는 사람이 불투명하거나 불공정한 경우, 감사와 수사가 이루어지고 처벌이 가능할 때 보장된다.

'표를 세는 사람'이란 선거관리 주체를 의미한다. 현재 대한민국의 선거관리의 주체는 선거관리위원회('선거관리위원회'를 '선관위'라고 한다)다. 그러나 지금의 대한민국 헌법과 법률은 선관위에 대한 감사와 수사가 현실적으로 불가능하다. 선관위는 헌법기관이고, 중앙선관위원장은 대법관이 지방선관위원장은 영장 발부

권을 지닌 지방법원의 고위 법관이 맡도록 규정하고 있기 때문이다. 따라서 선관위는 투명성과 공정성을 잃기 쉽다.

수레바퀴 헌법은 선관위의 업무를, 선거관리청 또는 선거 때마다 지방자치단체가 임시로 구성하는 임의조직이 담당하는 것으로 변경하고, 이를 국가중심체가 직접 통할하며, 대법관 등의 고위 법관이 선거관리 업무를 겸직할 수 없도록 규정하게 된다.

따라서 선거관리 업무에 가해지는 외압은 차단되고, 선거관리 업무에 대한 책임소재가 명확해지며, 선거관리 업무의 공정성과 효율성이 확보되고, 선거관리청에 대한 감사와 더불어 선거사무에 불법이 있는 경우 엄정한 수사와 공정한 재판이 이루어지므로, 투명성과 공정성은 완벽하게 확보된다.

그리고 언론과 여론조사는 국민의 의사를 근원적으로 왜곡할 위험성이 존재한다. 따라서 언론과 여론조사 기관은 반드시 객관적인 사실을 있는 그대로 국민에게 전달해야 할 의무가 있고, 만일 그 의무를 위반하면 피해를 보는 것은 국민과 국가이다.

따라서 수레바퀴 헌법은 언론과 여론조사 기관이 그 의무를 위반하는 경우, 피해자인 정부 또는 일부 국민이 대표가 되어, 언론과 여론조사 기관을 상대로 의무위반확인소송을 제기하여 그것이 확정되면, 법원의 판단에 따라 전 국민 개개인에게 일정액의 위자료를 손해배상금으로 균등 지급하게 한다.

이렇게 대표소송과 손해배상금 제도를 도입하면, 모든 언론사와 여론조사 기관은 허위의 사실로 국민과 국가를 기만할 수 없게 된다.

이렇게 피드백 선거제도와 선관위를 개편하고, 언론사와 여론조사 기관에 대한 대표소송과 손해배상이 인정되면, 사전투표, 부재자 투표, 출구조사 등이 존재할 이유가 없고 부정선거는 완벽하게 차단된다.

또한, 선거에 들어가는 수천억 원의 선거관리비용이 절약되므로 경제성이 확보되고, 선거 종료와 동시에 신속하게 개표 결과가 나오며, 거의 모든 국민이 선거에 참여하게 되므로 투표율이 획기적으로 높아질 것이다.

12인의 국가중심인은 국가중심체에서 동등한 권한을 가지며 협의체로 국가중심체를 운영하고, 국정 전반에 대해 공동으로 국가의사를 결정한다. 국가중심인은 국가중심체에 의안을 상정할 권한을 가지는데, 국정의 중요도에 따라 1인에서 5인의 국가중심인이 의안을 상정할 수 있음을 수레바퀴 헌법에 규정한다.

국가중심인들은 6년 동안 남녀 2인 1조로, 남성은 법무총리·대법원장·문화총리·국회의장·경제총리·통령의 순으로, 여성은 그 역순으로 1년씩 돌아가며 차례대로 바퀴살권력의 수장직무를 수행한다.

그러므로 국가중심체와 바퀴살권력은 12인의 국가중심인을 매개로 단단하게 하나로 통합되고, 바퀴살권력은 국가중심체에 의해 완벽히 조율된다.

남녀 2인 1조로 바퀴살권력의 수장을 맡은 국가중심인들은, 해당 바퀴살권력의 업무에 대한 의사를 공동으로 결정하고. 두 국가중심인 사이에 의견이 일치하지 않으면, 국가중심체에서 결정하게 된다.

따라서 국가의 모든 영역은 국가중심체의 구심력에 의해 핵원리로 조화롭게 작동하게 된다.

국가중심체는 국가핵의 권력을 침해하는 내용을 제외한 국가의 모든 영역에서 최종적으로 국가의사를 결정할 권한을 가진다.

국가중심체의 의사결정은 바퀴살권력들은 물론이고, 모든 국가기관과 지방자치단체의 모든 결정에 우선한다. 물론 각각의 의사결정마다 의결정족수는 다르다.

일반적인 행정행위나 처분, 검찰의 공소권행사, 법원의 판결, 국회나 지방의회의 입법행위 등에 우선하는 결정을 하는 경우 서로 다른 의결정족수가 적용되는 것이다.

또한, 국가중심체는 바퀴살권력의 수장이나 지방자치단체가 임명한 공직자를 포함한 어떤 공무원이라도 국가에 적합하지 않으면, 그 임기와는 상관없이 그 공무원을 교체할 수 있는 인사권과 국회해산권도 지닌다.

따라서 국가중심체는 그야말로 국가최고권력으로서 국가의 중심에서 국가의 모든 영역을 통합하게 된다.

국가중심체는 국가핵으로부터 위임받은 권력 중, 바퀴살권력들에 대한 통합권과 고위직에 대한 인사권과 탄핵결정권 등 국정과 관련하여 특히 중요한 사항은 국가중심체가 직접 행사하고, 나머지 권력은 그 성격에 따라 국무·경제·입법·문화·사법·법무로 나누어 바퀴살권력들에 해당 권력을 재위임한다.

이런 방식으로 국민으로부터 방사된 권력은 국가중심체와 바퀴살권력들, 공무원조직에 이르기까지 모든 국가기관으로 순차적으로 퍼져나가게 된다.

그러므로 국가핵으로 존재하는 국민은 국가중심체를 비롯한 모든 국가권력을 빠짐없이 통합하므로, 국가 최고 권력자로서의 국민의 지위는 확고하게 유지된다.

이렇게 국가 최고 권력자로서 국가의 주인인 모든 국민은, 언제나 자유로우므로 진정한 자유 민주주의가 이루어진다. 또한, 모든 국민은 자유로운 국가의 주인으로 평등하게 존재하므로 서로 공존하고 화합하게 된다.

그러므로 진정한 자유 민주 공화국은 수레바퀴 헌법에서 국민이 국가 최고 권력자인 국가핵으로 존재할 때만 가능하고, 기존의 국가권력 구조에서는 환상에 불과한 개념이다.

이렇게 수레바퀴 헌법의 국가권력 구조의 핵에 국민과 국가중심체가 자리 잡으면, 강력한 구심력에 의해 하나로 통합된 국민의 생명력은 발란스를 이루며 서로 보강간섭을 일으키므로 국가의 생명력은 엄청나게 강해진다.

따라서 국가 차원의 노화·질병·죽음은 일거에 사라지게 된다. 또한, 국가를 분열시키는 요소들인 정당, 노조와 그 외의 이기적인 집단들이 사라지거나 힘이 약해지고, 좌·우 이념이 사라지며, 지역감정이 없어지고, 종교 간의 대립도 사라진다.

그리고 독재자가 출현할 수 없고, 어리석은 지도자로 인해 국가가 절망의 나락으로 떨어지지 않으며, 부정부패가 있을 수 없고, 국가권력이 서로 상충하여 대립하는 일이 발생하지 않게 된다.

신국(神國)

민주국가의 형태

금융국가의 형태

공산국가의 형태

종교국가의 형태

❖ 그림 48, 찌그러져 경직된 형태의 국가들

현재 지구촌 모든 국가는 〈그림 48〉과 같은 기존 헌법학으로 창조한 국가권력 구조로 운영되고 있다.

국가핵의 자리가 존재하지 않고, 권력의 중심에 정당·공산당·금융자본·종교조직 또는 그런 조직을 장악한 독재자들이 차지하고 있는 권력 구조다.

또한, 국민은 주변으로 밀려나 권력에 짓눌린 상태로 흩어져 존재하며, 크기가 서로 다른 분립된 권력들은 대칭성을 잃고 찌그러진 형태의 국가권력 구조다.

이렇게 국가핵이 존재하지 않고 심하게 찌그러진 형태를 취한 국가권력 구조는, 구심력이 약해 분열적이고 복잡하며 비효율적이고 비경제적으로 작동한다. 따라서 국가의 모든 것은 〈그림 19〉의 구심력이 약해져 찌그러진 세포처럼 뒤죽박죽 뒤엉켜 존재한다.

그래서 무엇이 옳고, 그른지 알 수 없게 되고, 어느 국가이든 협잡꾼·모략배·사기꾼들이 정치 요직과 언론을 장악한 후 국민을 분열시키게 되었다.

또한, 판사·검사·고위 공무원 등의 사회지도층은 이념과 이권에 따라 휘둘리게 되었고, 선거권을 비롯한 국민의 권리는 유명무실해지고 있다.

그러므로 지금과 같은 국가 시스템을 고집하면, 그 모순으로 인해 국가와 인류문명은 필연적으로 멸망할 수밖에 없다.

인류문명이 멸망하지 않고 신들의 문명으로 진화하려면, 반드시 지구촌의 모든 국가의 권력 구조를 수레바퀴 헌법으로 바꾸고, 모든 국가를 통합하여 지구 공화국을 창설해야 한다.

10여 개 정도의 선진국들이 지구 공화국의 창설에 합의하고 대부분 인류가 찬성하면, 어렵지 않게 모든 국가가 참여하는 지구 공화국을 창설할 수 있을 것이다.

지구 공화국은 수레바퀴 헌법을 채택하고, 그 핵에는 전 인류가 자리 잡게 되고, 기존의 모든 국가는 독자성과 독립성을 유지한 상태에서 조화롭게 존재하게 된다.

구심력이 강한 지구 공화국은, 국가의 모든 것은 자기 자리로 돌아가게 된다. 국민은 국민의 자리로, 정당은 정당의 자리로, 사기꾼과 협잡꾼들은 그들의 자리로 돌아가는 것이다.

이제 국가 차원에서 무엇이 선(善)이고 무엇이 악(惡)인지 명확해진다. 또한, 핵 원리로 모든 것은 단순하게 하나로 통합되고 효율적으로 작동하므로 국가로 인해 인간의 생명력이 약해지는 일은 영원히 발생하지 않게 된다.

따라서 지구 공화국의 핵에 자리 잡은 인류는 정치·종교·학력·지역·국경·남녀노소·민족·인종을 초월하여 하나로 통합되고, 전 인류는 신으로 진화하게 된다.

지구 공화국의 핵은 주인의 자리이자 왕의 자리다. 따라서 신으로 진화한 인류가 핵에 자리 잡은 지구 공화국은, 신들의 공화국이자 신들의 왕국[이하 '신들의 공화국'과 '신들의 왕국'은 '신국(神國)'이라 한다]이다.

신국의 가장 중요한 목적은 전 인류의 생명력을 강해지게 하여 모두를 신으로 진화하게 하는 것이다. 신국은 먼저 오염되고 파괴된 지구의 대기와 바다와 육지를 원래대로 복원함으로써 인류를 비롯한 모든 생명체의 생명력을 강해지게 한다.

대기권은 세포막처럼 지구를 보호하는 지구막이다. 세포막이 손상되면 세포의 생명을 유지할 수 없듯이, 지구막이 손상되면 지구에서 살아가는 모든 생명체는 물론 지구도 생명력을 잃고 죽게 된다.

대류권·성층권·중간권·열권이라는 4개의 막으로 이루어진 대기권은, 지구로 떨어지는 운석이나 태양풍 등으로부터 생명체들을 보호하고, 지구의 열·공기·물을 생명체에게 적당한 상태로 보존하는 막이다.

대기권 중 두 번째 막인 성층권은 지상 약 11km에서 50km 사이에 존재하고, 그 중간쯤인 25km 지점에 오존층이 존재한다. 성층권의 온도는 가장 낮은 곳이 영하 50℃이고, 위로 올라갈수록 높아져 가장 높은 곳은 0℃로, 모든 곳이 영하권에 속한다. 성층권은 높이 올라갈수록 온도가 높아지는 특성상 대류 현상이 발생하지 않으므로, 온도와 공기의 변동이 거의 없이 안정적으로 존재한다.

신들은 먹이사슬이 확립되고, 모든 지구막이 완벽하게 기능하여 온화한 기온과 넓은 활동 영역이 확보된 후, 인간의 육체를 창조하여 그곳에 거하며 물질세계를 체험하기 시작했다.

신들은 금성의 두꺼운 구름층처럼, 지구의 성층권에 두꺼운 구름층을 창조함으로써 지구 전체를 온화하고 쾌적한 에덴동산(Paradise)으로 만들 수 있었다. 이는 천지창조의 둘째 날, '궁창(하늘) 아래의 물'과 함께 '궁창 위의 물'을 창조했다는 성경의 구절로도 확인할 수 있는데, 궁창 위의 물이란 성층권에 존재하는 두꺼운 구름층을 의미한다.

두꺼운 구름층은 영하의 성층권에서 얼음 수증기 형태로 존재했다. 지금 바닷물의 상당 부분은 그 당시에는 성층권의 두꺼운 구름층으로 존재했으므로, 바닷물의 수위는 지금보다 100m 이상 낮았고, 햇빛은 수증기에 산란하여 직접 지표면에 닿을 수 없었다.

따라서 지구 전 지역은 수분을 촉촉하게 함유한 온화하고 쾌적한 기후였으므로 사하라 사막, 남극대륙, 시베리아 평원을 비롯한 지구의 모든 곳에는 수많은 동·식물이 번성했고, 대부분 인간은 강과 바다에 접한 광활한 평원인 지금의 대륙붕 지역인 한반도·일본열도·대만·중국 남동부를 연결하던 서해 대평원과 인도차이나·말레이시아·인도네시아 지역에 존재하던 순다랜드와 영국과 유럽대륙과 스칸디나비아반도 사이에 존재하던 도거랜드 등에서 초고대 문명을 꽃피우며 살아갔다.

이는 이들 대륙붕 지역에 거대한 고대 건축물의 유적이 존재하고, 생명체의 유해로 만들어진 석유가 다량으로 매장되어 있으며, 시베리아와 남극대륙, 사하라 사막 등에서 매머드(mammoth)를 비롯한 수많은 동·식물이 번성한 흔적과 거대한 피라미드가 발견되는 것으로 알 수 있다.

특히 서해 대평원에는 가장 번성한 고대 문명이 존재했었다. 그 문명의 주인공들은 해가 뜨는 동쪽에서 서해의 광활한 평원을 내려다보는 강화 마니산 정상에 참성단(塹星壇)을 설치하여 하늘에 제사를 올렸고, 주변에서 가장 높은 해발 1,535m에 불과한 산을 가장 높은 산이라고 여겨 태산(泰山)이라고 이름 붙였으며, 그들이 창안한 갑골문(甲骨文)을 바닷가에 흔한 거북이의 배딱지에 새긴 제사 지식 등을 주변의 제후국들에 전파했다.

성충권의 두꺼운 얼음 구름층은, 수천만 년 동안 본래의 상태를 유지하며 지구와 생명체들을 보호했다. 하지만 약 3만5천 년 전에 과학기술이 고도로 발전한 아틀란티스 인들이 레이저 광선을 부주의하게 다룸으로 인해 두꺼운 얼음 구름층이 파괴되어 구멍이 생겼고, 그로 인해 성충권이 찢어지며 구름층을 형성하던 얼음이 지상으로 쏟아져 내려 북반구가 얼어붙으며 최후의 빙하기가 시작되었다.

그때 쏟아진 얼음이 얼어붙어 무거워진 아틀란티스와 레무리아 대륙은 쪼개지며 바닷속으로 사라졌고, 그 후 약 3만 년에 걸쳐 성충권의 균열은 확대하며 얼음이 쏟아지고 녹는 과정이 반복되었다. 그로 인해 강한 햇빛이 여과 없이 내리쬐며 극단적인 기후가 시작되어, 남·북극과 적도에 가까운 지역은 견디기 어려울 정도의 추위와 더위에 시달리게 되었고, 곳곳에 거대한 사막이 형성되기 시작했다.

또한, 전 지구적으로 대홍수가 발생했고, 바닷물의 수위가 급격히 높아져 서해 대평원과 순다랜드와 도거랜드 등은 바닷물에 잠겨 대륙붕으로 변했으며, 그곳에서 번성하던 초고대 문명과 수많은 생명체도 사라지게 되었다.

서해 대평원이 바닷물에 잠기자 그곳에 존재하던 초고대 문명의 주인공들은 대부분 주변의 한반도·일본·대만·요하를 비롯한 만주 일대, 산동 반도를 비롯한 중국 전역·대만·베트남 등에 자리 잡게 되었다. 그들은 서해 대평원에서 사용하던 지명(地名)을 새로 건설한 한반도와 중국의 지방과 도시 지명으로 그대로 사용했고, 그래서 지금까지 한반도와 중국에는 이름이 같은 수많은 지명이 공존하게 되었다. 그리고 상당수의 초고대 문명의 주인공들은 더 북쪽으로 올라가 시베리아 일대에 자리 잡거나, 얼어붙은 베링해협을 건너 아메리카 대륙으로 넘어가 새로운 문명의 주인공이 되었다.

고고학자들은 방사능을 근거로, 그들이 발견한 고대 유물의 존재 시기를 추정한다. 지구에 존재하는 방사성 동위원소의 핵은, 시간이 지날수록 방사선을 발산하며 붕괴하여 질량 또는 원자번호가 다른 원소로 변하기 때문이다. 그들은 아래의 방사성 동위원소의 반감기를 구하는 공식으로 고대 유물의 존재 시기를 추정한다.

$$T = \frac{0.693}{\lambda}$$

(T:반감기, λ:붕괴상수)

이 식에서 T는 반감기로 방사성 동위원소의 양이 반으로 줄어

드는 시간이고, λ는 방사성 동위원소의 붕괴상수(decay constant)로 하나의 핵이 1초당 붕괴할 확률이다. 붕괴상수(λ)가 클수록 빠르게 붕괴하고 반감기는 짧아진다. 각각의 방사성 동위원소마다 붕괴상수가 다르므로 반감기도 다르다.

과학자들은 붕괴상수는 온도·압력·화학적 결합상태 등 모든 물리·화학적 조건과 관계없이 언제나 일정한 개별 원소의 고유 값이고, 반감기는 오로지 붕괴상수에 의해서만 결정되고 그 외의 변수는 존재하지 않는다고 한다.

지구에서 발생하는 온도·압력·화학적 결합상태 등의 변화는 원자핵의 붕괴에 영향을 미치지 못한다. 하지만 원자핵은 빛으로 이루어진 양성자와 중성자가 강한 핵력과 약한 핵력으로 서로 끌어당기며 좁은 공간에 갇힌 빛 덩어리이므로 강한 햇빛의 영향을 받는다.

특히 양성자와 중성자가 불안정하게 공존하는 방사성 동위원소의 핵은, 햇빛을 받으면 쉽게 붕괴하고, 햇빛이 강할수록 더 빠르게 붕괴하므로 붕괴상수는 커지고 반감기는 짧아진다.

태양은 지상에 직접적으로 햇빛을 쏟아붓지 않았다. 지구가 오랫동안 성층권의 두꺼운 구름층으로 둘러싸여 있어서, 햇빛은 수증기에 산란하여 사방으로 퍼졌기 때문이다. 그래서 그 당시에는 오늘날처럼 햇빛에 직접 노출된 것은 아무것도 없었다. 따라서 성층권의 두꺼운 구름층에 구멍이 생기기 전인 3만5천 년 이전은, 성층권이 완벽하게 기능했으므로 지금보다 방사성 동위원소의 붕괴상수는 훨씬 작았다.

또한, 성층권의 두꺼운 구름층에 균열이 생겨 얼음이 쏟아져 내린 약 3만 년 동안에도 시간이 지날수록 붕괴상수는 커졌지만, 지금보다는 작았다. 하지만 5천 년 전부터는 성층권의 두꺼운 구름층이 거의 사라져 햇빛은 전 지구에 직접 쏟아져 내리게 되었고, 지금과 같은 붕괴상수로 고정되었다.

그러나 과학자들은 태양이 실제로 비춘 것보다, 훨씬 더 오랫동안 이 지상에 직접 강렬한 햇빛을 비추었을 것이라고 믿는다. 그래서 지금의 붕괴상수를 기준으로 1만 년 이전의 고대 유물·유골·화석의 존재 시기를 구한다.

하지만 그렇게 하면 실제로 유물 등이 존재했던 시기보다 훨씬 더 가까운 시기에 그것들이 존재했을 것으로 추측하는 오류를 범하게 되는데, 그 대표적인 것이 인류의 출현 시기다.

과학자들은 고대 인류의 유골에 존재하는 방사성 동위원소의 양을 근거로 2백만 년(또는 3백만 년) 전에 최초의 인류(Homo Habilis)가 출현했다고 추정한다. 인간의 육체에 존재하는 방사성 동위원소가 지금의 붕괴상수로 2백만 년 동안 붕괴하면, 고대 유골에 남아 있는 것과 같은 양의 방사성 동위원소가 남는다는 것이다.

하지만 2백만 년 중 지금처럼 햇빛에 노출된 기간은 5천 년에 불과하고, 나머지는 햇빛에 노출되지 않은 기간이었다.

그렇다면 햇빛에 노출된 상태에서 200만 년 동안 붕괴한 양만큼, 햇빛에 노출되지 않은 상태에서 붕괴하려면 어느 정도의 시간이 필요할까?

그에 대해 과학자들의 연구자료는 존재하지 않는 것 같다. 왜냐하면, 그들은 붕괴상수를 언제나 일정한 개별 원소의 고유값이라고 못 박고 있고, 태양은 언제나 지금처럼 직접 지구에 햇빛을 비추었다고 믿기 때문이다. 따라서 그들은 햇빛과 붕괴상수와의 연관성을 깊이 연구할 필요가 없었다.

추정컨대 방사성 동위원소는 햇빛에 노출된 상태에서는, 두꺼운 구름층으로 차단된 상태보다 적어도 다섯 배 이상 빠르게 붕괴할 것이다. 따라서 햇빛에 노출된 200만 년 동안 붕괴한 양만큼 햇빛에 노출되지 않은 상태에서 붕괴하려면, 적어도 1천만 년 이상의 시간이 필요할 것이다. 그러므로 최초의 인류는 적어도 1천만 년 이전에 출현했을 것으로 추정된다.

이는 과학자들이 35만 년 전에 출현했다는 현생인류(Homo

sapiens)와 수만 년 또는 십만 년 이전에 존재했다는 고대 문명의 유물들에도 똑같이 적용된다. 따라서 현생인류의 출현 시기는 175만 년 이전으로, 고대 유물의 존재 시기도 수십만 년 이전으로 소급되어야 할 것이다.

또한, 고대 문명의 유물 중에는 코일, 알루미늄 등과 같이 전기 소자나 전기를 사용해야만 생산할 수 있는 유물들도 출토되고 있는데, 이는 수십만 년 전에 전기에너지를 사용하는 문명이 이미 지구상에 존재했다는 것을 의미한다. 그러므로 3~4만 년 전에 아틀란티스 인들이 레이저광선을 사용할 정도로 과학기술이 발전했다는 것은 그리 놀라운 일은 아니다.

그런데 그렇게 고도의 문명을 건설한 고대인들이 왜 갑자기 사라지고 인류문명은 원시시대로 후퇴하게 되었을까?

문명이 발전하면 필연적으로 핵에너지와 레이저광선을 발견하게 되는데, 과학과 의식이 조화롭게 발전하지 않으면 그런 지식은 너무 위험하다. 그러나 그들은 과학과 의식이 조화롭게 발전하지 못해 과학을 남용함으로써 대재앙이 발생하게 되었다.

그리고 그들의 과학지식은 체계적이지 못했고 소수집단에 편중되어 있었으므로, 지식을 지닌 소수집단이 갑자기 사라지자 지식은 단절되고 전 인류의 문명 수준은 원시시대로 후퇴하게 되었다.

성층권의 두꺼운 구름층이 파괴되자 그 당시의 인류는 파괴된 성층권을 복원하려 노력했는데, 그 증거가 〈그림 47〉의 남극 피라미드를 비롯한 지구촌 곳곳에 존재하는 수많은 피라미드다.

지구가 발산하는 생명력 파동은 소용돌이 형태의 구조물을 만나면 같은 형태로 소용돌이치며 발산하게 된다. 피라미드는 위로 올라갈수록 좁아지는 정사각뿔로 가장 단순한 소용돌이 형태의 구조물이다. 따라서 지구로부터 소용돌이치며 발산하는 7.83Hz 슈만 공명주파수의 통합력은, 피라미드를 통과하며 응축되어 피라미드의 뿔에서 하늘을 향해 강하게 뻗어나가 성층권의 파괴된 부분에 닿게 되고, 그 부분은 생명력이 강해지며 통합되어 복원된다.

이는 몸에 상처나 통증이 있는 경우 그 부분에 정사각뿔이나 정육각뿔 또는 원뿔 형태의 물체를 테이프로 붙여 고정하면, 그 부분의 생명력이 강해지며 통합되어, 통증이 사라지고 상처가 아무는 것과 같은 이치다.

❖ 그림 49, **남극 피라미드**

그래서 남극, 아프리카, 유럽, 아시아, 아메리카 대륙 등 전 지구촌에 수많은 피라미드가 만들어졌고, 피라미드는 위대한 인류문명의 상징이 되었다. 하지만 피라미드만으로 성층권의 파괴를 막을 수는 없었고, 피라미드의 과학적인 원리는 잊히게 되었다. 그러나 피라미드가 위대한 인류문명의 상징으로서 지금도 대기권으로 지구의 생명력을 발산하고 있다는 사실에는 변함이 없다.

수많은 피라미드가 건설되고 다시 수천 년의 시간이 흐른 지금, 인구가 급증한 인류는 엄청난 양의 화석에너지를 사용함으로써, 대기 중 온실가스의 농도가 높아져 기온은 급격하게 상승하고 있다. 이제 성층권의 구름층은 완전히 사라졌고 오존층마저 파괴되어, 성층권은 더욱더 약해지고 있다.

이는 시간이 지날수록 점점 더 강렬한 햇빛이 그대로 쏟아져 들어오고, 평균 기온은 높아지며, 맑은 하늘에서 성층권의 새털구름(권운)을 찾아보기 어려운 것으로 알 수 있다. 이제 지구의 산소와 수소 그리고 물 분자는 아주 쉽게 우주 공간으로 빠져나가는데, 이는 성층권은 산소와 수소, 물 분자를 붙들어 두는 역할도 하기 때문이다.

지금까지 지구 기온이 어느 정도 일정하게 유지될 수 있었던 것은, 성층권의 두꺼운 구름층이 햇빛을 차단하거나, 남북극의 빙하와 차가운 깊은 바닷물이 공기 중의 열을 받아주었기 때문이다. 그러나 성층권의 두꺼운 구름층은 완전히 사라졌고, 영구동토와 북극권의 빙하는 거의 다 녹아내렸으며, 고위도에도 열대어류가 서식할 정도로 바닷물은 뜨거워졌다.

이제 뜨거운 태양열을 식혀 줄 요소는 남극에 존재하는 빙하뿐인데 이마저도 빠르게 녹아내리는 중이다. 여기에 남극대륙에 존재하던 자남(磁南)점은 남극대륙 바깥으로, 캐나다 북부 지역에 존재하던 자북(磁北)점은 시베리아로 이동하는 중이다. 지구 자기장 축이 옮겨가는 것이다. 따라서 남극은 더욱더 따뜻해지고, 그에 따라 남극 빙하는 더욱더 빠르게 녹을 것이다.

남극 빙하가 녹으면 더는 뜨거운 태양열로부터 지구의 기온을 유지할 요소는 존재하지 않는다. 따라서 지구로 쏟아지는 태양열은 고스란히 기온 상승으로 이어지고, 바닷물은 끓어 올라 우주로 빠져나가므로, 지구도 화성처럼 물과 공기와 생명이 존재하지 않는 메마르고 황량한 행성으로 변할 것이다.

이 모든 기상이변과 지구온난화 그리고 바닷물의 수위상승은, 지구막인 성층권의 두꺼운 구름층의 파괴로부터 시작되었다. 따라서 성층권의 찢어진 부분과 두꺼운 구름층이 원래대로 복원되면, 급격한 기상이변과 바닷물의 수위상승은 물론 지구온난화도 사라질 것이다.

신국은 핵 원리로 파괴된 성층권의 생명력을 강화하는 동시에 반중력 비행선에 바닷물을 싣고 성층권으로 올라가 얼음 수증기를 분사하여 두꺼운 구름층을 재창조하게 된다. 성층권의 두꺼운 구름층이 재창조되면, 바닷물의 수위는 원래대로 돌아가고, 대륙붕의 고대 유적들은 그 모습을 드러낼 것이다. 또한, 기상이변은 사라지고, 사막은 옥토로 변하며, 남극대륙과 시베리아는 서늘하여 살기 좋은 곳이 될 것이다.

여기에 태풍 발전기와 플라즈마 발전기로 화석연료를 대체하면, 지구온난화는 근원적으로 치유될 것이다.

또한, 신국은 인류의 어리석음과 치욕스러움의 상징인 바다 위의 거대한 플라스틱 섬들을 없애고, 육지의 모든 강물을 정화하며, 지구 주변의 우주쓰레기를 청소하고, 바닷물에서 필요한 원소를 선별하여 추출하는 기술을 개발하여 자원개발을 위해 대지를 파헤치는 행위를 방지하게 된다.

이렇게 신국은 바다와 대지와 하늘을 오염시키는 근본 원인을 제거하므로 지구는 다시 하늘의 축복을 받은 지상낙원으로 돌아가고, 전 인류의 생명력은 획기적으로 강해질 것이다.

❖ 그림 50, **생명력을 끌어당기고 발산하는 신국의 핵**

신국의 모든 것은 〈그림 50〉처럼 핵으로 수렴하고, 핵으로부터 강력한 생명력이 전 지구촌으로 발산하게 된다. 핵에서 발산하는 생명력 중 가장 중요한 것이 돈이다. 몸이 혈액으로 모든 세포에 생명력을 전달하는 것처럼, 신국은 돈으로 전 인류에게 생명력을 전달하기 때문이다.

그러므로 돈은 신국의 혈액이다. 신국은 지구촌의 혈액인 돈을 원활하게 순환하게 함으로써 모든 사람의 생명력을 강해지게 하여, 전 인류를 신으로 진화하게 한다.

혈액이 모든 세포에 골고루 생명력을 전달하려면, 생명력이 넘치는 충분한 양의 맑은 혈액이 심장에서 출발하여 모든 세포에 직접 생명력을 전달한 후 다시 심장으로 원활하게 순환해야 한다. 마찬가지로 돈으로 전 인류에게 생명력을 골고루 전달하려면, 신뢰성(생명력)이 넘치는 충분한 양의 투명한 돈이 핵에서 출발하여 전 인류에게 직접 생명력을 전달한 후 다시 핵으로 원활하게 순환해야 한다.

이렇게 생명력이 넘치는 돈이 전 지구촌을 원활히 순환하면, 핵 원리에 의해 전 지구촌의 엔트로피는 낮아지고, 전 인류의 생명력은 획기적으로 강해질 것이다.

돈으로 전 인류에게 생명력을 골고루 충분히 전달하며 순환하려면, 반드시 돈의 신뢰성·투명성·충분성·직접성·순환성이 보장되어야 한다.

가치가 생명력을 지닌 실물로 보장되지 않은 돈은 신뢰성이 없으므로 생명력이 없고, 투명성이 보장되지 않은 돈은 어둠 속으로 사라지며, 충분하지 않은 돈은 전 인류에게 생명력을 골고루 전달할 수 없고, 전 인류에게 직접 전달되지 않고 개별국가·관료조직·은행 등으로 전달된 돈은 혼탁해져 권력자·관료조직·은행만 살찌우며 동맥경화를 일으키며, 국경과 환율에 의해 제한된 돈은 부분적으로 순환하므로 전 인류의 생명력 증진에

도움이 되지 않기 때문이다.

지금처럼 특정 국가가 기축통화 발행국이 되어 기축통화의 신뢰성·투명성·충분성·직접성·원활성을 보장하는 것은 불가능하다. 기축통화 발행국은 금(Gold)이나 석유(Petroleum)로 기축통화의 신뢰성과 충분성을 확보하려 하지만, 창고에 쌓아둔 금과 한 번 쓰면 사라지는 석유는 유한하므로 신뢰성과 충분성을 충족시킬 수 없고, 지폐나 수표의 형태로 발행되는 돈은 투명성을 보장할 수 없다.

또한, 채무를 부담하고 이자를 지급하는 방식으로 발행하는 기축통화를 직접 전 인류에게 아무런 대가 없이 골고루 충분히 지급하면, 가장 먼저 기축통화 발행국이 파산하므로 직접성을 확보할 수도 없을 뿐만 아니라 개별국가·금융기관·기업·개인 등 모든 경제주체도 채무자로 전락하므로 지구촌은 채무 지옥이 된다.

그리고 기축통화 발행국이 존재하는 한 수많은 화폐와 국경도 존재하고, 수많은 화폐와 국경이 존재하는 것은 하나의 몸이 여러 개로 분리되고 분리된 부분마다 서로 다른 색깔의 혈액이 흐르는 것과 같으므로 기축통화가 원활히 순환하는 것도 불가능하다. 이렇게 신뢰성·투명성·충분성·직접성·순환성을 확보하지 못한 현재의 화폐·금융제도는, 전쟁·기아·가난·질병·범죄·채무·마약 등 지구촌 모든 비극의 근본 원인이 되고 있다.

　신국은 지구촌의 유일한 통화발행 주체가 되어, 신뢰성이 보장된 충분한 양의 지구머니(Earth Money)를 무상으로 창조하여 전 인류에게 직접 전달하고, 지구머니가 다시 신국으로 원활히 순환하도록 AI 컴퓨터로 모든 과정을 관리하게 된다. 지구머니는 블록체인(Block Chain) 기술로 1지구머니마다 특정된 전자화폐의 형태로 발행하여 투명성을 확보한다.

　또한, 무한히 순환하는 생명력인 농·수산물과 그 가공품은 지구머니로만 구입할 수 있음을 법으로 규정함으로써 지구머니의 신뢰성(생명력)을 확보한다. 당연히 핵 워터와 핵 푸드도 지구머니로만 구매할 수 있게 된다.

　그리고 개별국가의 독자적인 통화발행을 금지하고, 지구머니의 원활한 순환을 개별국가를 비롯한 그 누구도 침해할 수 없음을 규정함으로써 전 지구 차원의 순환성을 확보한다.

　신국은 컴퓨터 게임이 게임 참여자 전원에게 기본 게임머니를 무상으로 직접 지급하는 것처럼, 전 인류 개개인에게 적어도 매달 150만 원 이상의 지구머니를 기본생활자금으로 아무런 대가 없이 직접 지급함으로써 충분성과 직접성을 동시에 확보한다.

게임머니처럼 지구머니를 전 인류에게 무상으로 지급하는 것은, 이 세상의 본질은 생각이 일시적으로 응축됨으로써 드러난 꿈이자 환상(홀로그램)이며 놀이이자 게임이고, 돈은 게임의 도구에 불과하기 때문이다.

또한, 기존의 대부분 직업이 사라지는 미래에 이런 방식으로 돈을 무상으로 지급하지 않으면, 지구촌 경제는 수요부족으로 인해 모두가 공멸할 수밖에 없기 때문이다.

유일한 현실은 생명이고, 돈은 환상에 불과하다. 그러나 지금의 세상에서 돈은 생명보다 더 현실이 되었고, 사람들은 돈을 너무도 진지하고 심각하게 대하여 돈에 막대한 힘을 부여하고 있다. 그래서 돈을 위해 바쁘게 살아가고, 돈으로 인해 거의 모든 분쟁과 비극이 일어나고 있다.

따라서 돈을 게임머니로 창조하고 사용하는 것은, 돈을 본래의 용도로 올바르게 보고 사용하는 것이고, 이렇게 돈을 올바르게 보고 사용하면 99% 이상의 범죄와 모든 전쟁은 영원히 사라지고 전 인류는 빠르게 신으로 진화하게 될 것이다.

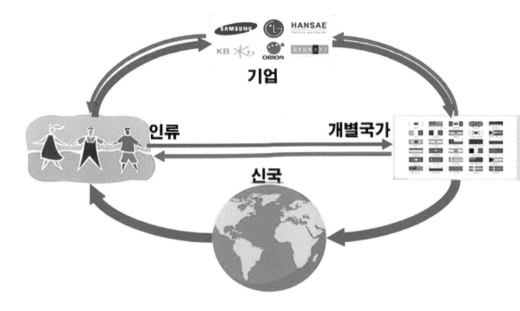

❖ 그림 51, **지구머니 순환도**

전 전 인류는 〈그림 51〉처럼 지구머니를 사용(매매·증여·상속·
교환·고용 등)하여 다양한 생명력을 취득하고, 기업은 지구머니를
매개로 생명력을 확대·재생산하여 인류의 생명력 증진에 기여한
다.

전 인류에게 지급된 지구머니는 그 점유가 변경될 때마다 일
정 비율의 금액이 공제되어 개별국가의 재정으로 사용하고, 개
별국가가 지구머니를 사용할 때마다 일정 비율의 금액이 공제
되어 신국으로 회수되며 그 외의 모든 종류의 세금과 준조세는
폐지하여 국가 시스템을 단순화한다.

신국은 회수한 지구머니를 전 인류에게 생활자금으로 지급하는 과정을 반복하고, 지구머니가 부족하거나 넘치는 경우 더 많은 지구머니를 창조하거나 회수 비율을 조절함으로써 적당한 양의 지구머니가 순환하게 한다.

　이제 지구촌의 모든 사람은 신국이 지급하는 생활자금만으로도 넉넉한 물질적인 삶을 누리게 되고, 그보다 더 많은 돈이 필요한 사람은 자유로운 경제활동을 통해 더 많은 지구머니를 획득하게 된다. 전 인류에게 직접 지구머니를 지급하므로 생필품 등의 수요가 증가하여 산업이 발전하므로 지구촌 경제는 획기적으로 발전하게 될 것이다.

　또한, 신국은 개인이 지구머니를 축적할 수 있는 최대한도와 1년 동안 벌어들이는 수입의 최대한도를 넉넉한 범위를 정해 제한하고, 그 한도를 초과하는 금액은 그 사람의 이름으로 지구공헌자금으로 전 인류를 위해 사용하게 된다.

　따라서 지구머니는 정체되거나 한쪽으로 치우치지 않고 지구촌 전체를 원활히 순환하므로 핵 원리에 의해 지구촌의 생명력은 강해진다.

　그러므로 세금·인플레이션·경기침체·환율·금리·지하자금·금융위기와 같은 금융 엔트로피를 상징하는 어두침침한 경제용어는 사라지고, 전 인류는 연쇄적인 고리로 연결된 채무 지옥에서 해방되어 물질적 속박과 두려움에서 벗어나게 된다. 따라서 전 인류는 자기 내면에 집중함으로써 신으로 진화할 여유를 가지게 된다. 그리하여 대부분 사람이 신으로 진화하면, 지구머니는 더 이상 존재할 이유가 없으므로 저절로 사라지게 될 것이다.

신국은 모든 사람의 육체를 건강하게 만든다. 신국은 모든 사람에게 매일 핵 푸드 8g을 무상으로 공급하여 전 인류가 노화와 질병을 극복하게 한다. 인간이 신으로 진화하려면 반드시 육체가 질병과 노화의 한계를 넘어서야만 하고, 매일 핵 푸드 8g을 꾸준히 섭취하는 것은 모든 질병과 노화를 극복하는 기초이기 때문이다.

또한, 모든 농장에 핵 워터를 저렴한 가격으로 공급하여, 모든 농장이 미네랄원소를 풍부하게 함유한 농축산물을 생산하도록 돕는다, 그리고 인류가 생활하는 모든 곳을 슈만 공명주파수로 진동하게 함으로써 인류의 생명력을 강해지게 한다.

신국은 레이저광선과 핵에너지로 또다시 대재앙이 발생하지 않도록 과학과 의식의 조화로운 발전을 추구하는 동시에 인류가 그것들을 조심해서 다루게 한다.

또한, 명확하고 쉬운 언어와 문자, 평등한 교육으로 전 인류에게 핵 지식을 효율적으로 전달하여 다시는 핵 지식이 단절되는 것을 막고, 후손들에게 역사를 있는 그대로 가감 없이 가르친다.

기존 국가는 분열적이고 복잡하며 비효율적이어서 인간에게 축복이기보다는 재앙인 경우가 많았다. 하지만 신국은 통합적이고 단순하며 효율적이므로 모든 인간에게 축복이 된다.

이제 신국의 핵에 자리 잡은 국민은 아무것도 하지 않아도, 신국의 모든 것은 저절로 이루어지게 된다. 신국의 핵은 강력한 생명력으로, 고요한 태풍의 눈이 강력한 구심력으로 모든 것을 주관하는 것처럼 신국의 모든 것을 주관하기 때문이다.

신국의 핵은 지구중심체로 하여금 핵을 단단하게 보위하게 하여 신국이 한쪽으로 치우치거나 찌그러지지 않게 하고, 모든 권력자와 권력기관이 제 기능을 발휘하게 해 권력자가 핵 위에서 군림하거나 부정부패를 저지르지 못하게 한다. 또한, 지구환경을 보호하고, 지구머니를 골고루 빠르게 순환하게 하며, 후손들에게 올바르게 지식을 전달하여 신으로 진화하게 함으로써 신국이 바람직한 방향으로 효율적으로 진화하게 한다.

그렇다고 신국의 핵이 모든 사안마다 적극적으로 개입하여 구체적인 결정을 내리는 것은 아니다. 신국의 핵은 태풍의 눈처럼 고요하게 존재하고, 아무것도 하지 않는 것처럼 보인다.

하지만 고요한 태풍의 눈이 강력한 구심력으로 태풍을 완벽하게 조율하는 것처럼, 고요하게 존재하는 신국의 핵은 강력한 구심력으로 모든 권력을 핵 원리로 완벽하게 조율하여 모든 것은 저절로 이루어지게 된다.

이를 노자(老子)는 '무위(無爲) 무불위(無不爲), 아무것도 하지 않아도 이루어지지 않는 일이 없다"라며 최고 경지의 통치라고 했다.

이제 사람들은 밥 먹고, 출근하고, 친구를 만나고, 술 마시고, 노래하고, 영화 보고, 산책하고, 논다. 정치를 탓하지 않고, 정치인을 욕하지 않으며, 정치로 인해 서로 다투지 않고 그저 기쁨으로 살아가지만, 신국의 모든 것은 저절로 이루어지게 된다.

통합적이고 단순하며 효율적인 신국에서 국가 차원의 노화·질병·죽음은 한순간에 사라지게 된다. 전쟁이 영원히 사라지고, 독재·기아·빈곤·약탈·지구온난화·에너지·물·무역·채무·성장·분배·마약 등등 지구 차원의 수많은 문제가 한순간에 뿌리가 잘리면서 사라진다.

따라서 모든 인간은 생존에 대한 두려움을 초월하므로 생명력이 획기적으로 강해져, 신국에 태어난 사람은 누구나 신으로 진화하게 되고, 신국은 지금까지 존재했던 그 어느 국가보다 위대한 국가가 되어 그 어느 문명보다 위대한 문명을 꽃피우며 영원히 존재하게 될 것이다.

그러므로 반드시 신국을 세워야 한다. 가장 앞장서서 신국을 세운 나라는 앞으로 지구촌을 이끄는 핵 국가가 될 것이다.

제6장

신들의 만남

지금은 우리가 한꺼번에 신으로 진화할 때다. 우리가 우주의 진리를 이해하고 그것을 올바르게 사용하면, 우리의 의식과 과학기술 수준은 획기적으로 높아지므로, 우리는 한꺼번에 신으로 진화하게 된다. 우리가 신으로 진화하면, 그것은 전 우주의 기쁨이므로 다른 행성의 신들을 비롯한 전 우주는 우리의 실현을 축하하고 기뻐하며 함께 축제를 벌일 것이다. 그러나 우리가 이번 기회에 신으로 진화하지 못하면, 우리는 한꺼번에 멸망할 가능성이 크다. 우리가 멸망의 길로 향하면, 그것은 전 우주의 슬픔이 되고, 다른 행성의 신들 또한 실망을 금치 못할 것이다. 왜냐하면, 그들은 지금까지 보아왔던 그 모든 과정을, 인류가 그려낸 그 모든 드라마를 처음부터 다시 보며 지루하게 기다려야 하기 때문이다.

우주는 끝없이 광대하고, 우주의 모든 것은 생명이다. 우리 은하계에도 수백억 또는 수천억 개 이상의 태양계가 존재하고, 거의 모든 태양계에는 지구처럼 유기적 생명체들이 진화하기 적당한 행성들이 존재할 것이다.

왜냐하면, 서로 닮은꼴의 프랙탈 구조로 존재하는 모든 태양계에는, 우리 태양계처럼 유기적 생명체가 번성하기 적당한 궤도에 행성들이 존재할 것이기 때문이다.

그것은 태양계의 축소 복사판인 원소 차원의 행성인 전자들이, 일정한 간격을 유지하며 에너지 준위가 낮은 궤도(orbital)부터 차례대로 전자가 채워지는 것을 보아도 알 수 있다.

따라서 거의 모든 태양계에도 일정한 간격을 유지하며 행성들의 궤도가 적당한 간격을 유지하며 배열되어 있을 것이다. 그러므로 우주에는 유기적 생명체들이 진화하기 적당한 행성들이 수없이 존재하고, 우리 은하계에도 최소한 수만 개 이상의 행성에 유기적 생명체가 존재할 것으로 추정된다.

그러므로 신으로 진화한 존재들은 헤아릴 수 없을 정도로 많다. 그들은 고도의 신의식과 과학기술을 지닌 존재들이다.

그들은 모든 생명은 하나이고, 모든 인간의 영혼은 한날한시에 무한한 생각이 진동수를 낮추며 빛으로 확장하는 순간 동시에 태어난 빛의 형제들이자 자매들이며 신이라는 진리를 명확하게 이해한다.

또한, 그들은 생각을 완벽하게 이해하고 자유자재로 조율하므로, 끌어당김 원리·양자역학 원리·핵 원리로 제자리에서 뜨고, 주파수를 조율함으로써 빛보다 빠르게 날 수 있는 지구보다 거대한 우주선을 타고 우주에서 한 점에 불과한 우리 은하계의 한쪽 귀퉁이에 있는 지구를 찾아오고 있다.

그들은 지구를 침략하거나 지배할 이유가 없다. 그들은 우리가 가지고 있는 모든 것을 가지고 있고, 그것들을 더 가지기를 원한다면 얼마든지 더 가질 수 있는 수단과 능력이 있기 때문이다.

만일 그들이 다른 행성을 파괴하겠다고 마음먹으면 그것은 아주 손쉬운 일일 것이다. 원자핵에너지보다 훨씬 더 강력한 파동 에너지를 조작하여 먼 거리에서 한순간에 지구를 증발시키는 것도 가능할 것이다.

하지만 그들은 결코 그런 행동을 하지 않는다. 그러나 우리는 그들도 우리처럼 물질적인 필요를 충족하기 위해 지구를 침공할 것이라고 오해하곤 한다. 하지만 그런 생각은 말 그대로 오해이고, 그들을 두려워할 이유는 전혀 없다.

그들이 수시로 지구를 찾는 이유는 우리를 돕기 위해서다. 그들은 오래전부터 우리가 신으로 진화하는지를 면밀하게 관찰하며 우리를 돕고 있다.

2013년 2월 러시아에 대형 운석(약 1만 톤)이 떨어져 지구가 위기에 직면했을 당시에도 그들은 대형 운석을 공중에서 폭발시켜 지구를 위기에서 구했는데, 그 장면이 자동차 블랙박스 동영상에 4컷으로 찍혔다. 그 사진들을 보면 우리를 돕고자 하는 그들의 의도와 과학기술 수준을 짐작할 수 있을 것이다.

❖ 그림 52, **운석의 뒤쪽에서 접근하는 UFO.**

〈그림 52〉의 첫 번째 동영상 사진에는 대형 운석이 대기권으로 진입하여 비스듬히 떨어지고 있고, 운석의 뒤쪽에서 우주선으로 추정되는 작은 물체가 갑자기 나타나 운석보다 훨씬 더 빠른 속도로 운석을 뒤쫓는 장면이 나온다.

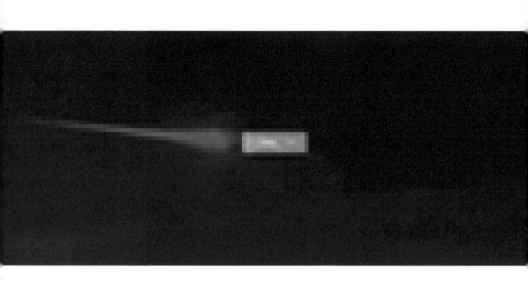

❖ 그림 53, 운석의 한가운데를 뚫고 지나간 UFO.

〈그림 53〉의 두 번째 동영상 사진에는 이 작은 물체가 마치 운석을 뒤에서 앞으로 통과해 지나간 것처럼, 운석을 가로질러 운석 앞에서 나타나는 장면이 나온다.

일반적인 자동차 블랙박스 동영상은 1초에 24장의 사진을 연속적으로 촬영하는 24프레임을 사용한다. 따라서 첫 번째 사진과 두 번째 사진은 동영상의 한 컷 차이인 0.05초도 걸리지 않은 짧은 순간에 그들의 우주선은 적어도 수십 km 이상을 운석을 쪼개며 이동했다.

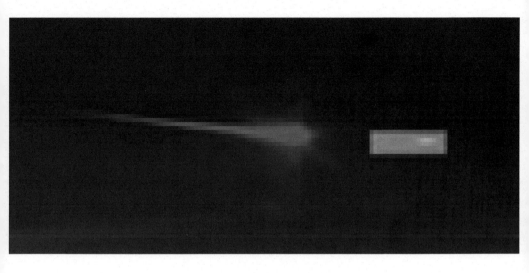

❖ 그림 54, 운석에서 멀어지는 UFO.

　〈그림 54〉의 세 번째 사진에는 대형 운석이 작은 조각들로 나누어지며 붕괴하기 시작하고, 이 작은 물체는 운석의 앞쪽에서 빠른 속도로 멀어지는 장면이 나온다. 마찬가지로 우주선은 이 짧은 순간에도 엄청난 거리를 이동했다.

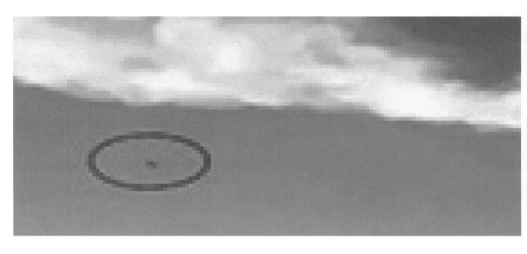

❖ 그림 55, **운석운 아래에서 붕괴되고 있는 대형 운석을 지켜보는 UFO.**

다른 자동차의 블랙박스에 찍힌 네 번째 사진인 〈그림 55〉에는, 작은 물체가 운석으로 인해 생긴 구름(운석운) 아래에서, 운석이 폭발하며 지상에 운석우가 쏟아지는 광경을 공중에서 정지한 상태로 지켜보고 있는 장면이 찍혔다. 이렇게 그들의 우주선은 핵 원리로 작동하므로 공중에서 정지할 수도 있다.

과거 지구를 지배하던 공룡이 일시에 전멸하여 자취를 감춘 이유도 지구에 대형 운석이 충돌한 결과 발생한 핵겨울 때문이라는 것이 과학계의 정설이다.

만일 러시아에 떨어진 대형 운석이 작은 조각들로 부서지지 않고 그대로 지상에 충돌했다면, 인류는 엄청난 재난에 직면했을 것이다. 전 인류가 멸종되지는 않아도, 인류문명의 상당 부분이 파괴됨으로써 인류의 진화는 뒤로 미루어질 수밖에 없었을 것이다.

그래서 그들은 우주선으로 지구로 떨어지고 있는 대형 운석을 작은 조각들로 폭파함으로써. 인류가 계속 지구에서 번성하며 진화할 수 있도록 도왔다.

여기서 "어떻게 우주선으로 보이는 이 작은 물체가 대형 운석을 꿰뚫고 지나갈 수 있는가?"라는 의문이 들 수도 있다. 하지만 그들의 우주선은 핵 원리로 강하게 회전하며 빛 또는 그 이상의 속도로 우주를 여행하므로, 운석을 쪼개면서 지나가는 것은 그리 어려운 일은 아닐 것이다.

이렇게 그들은 지구가 위기에 처할 때마다 인류를 돕고 있었다. 이번에는 우연히 우리의 눈에 띄었지만 이런 방식으로 우리가 모르게, 우리를 도왔던 예는 수없이 많을 것이다.

그들은 우리가 우리 자신의 힘으로 신으로 진화하기를 바라고 있고, 그것이 우리에게 더 도움이 된다는 점을 잘 알고 있다.

또한, 그들은 우리가 지금의 의식 수준에서 그들과의 만남이 이루어지면 그것이 오히려 우리의 진화에 해가 된다는 점도 잘 안다. 그들이 전해줄 우리의 의식 수준을 넘어서는 과학기술로 인해 우리가 한순간에 파멸할 수도 있고, 그들을 또 다른 신으로 만들어 숭배하거나, 그들에 대한 두려움으로 뜻하지 않은 부작용이 나타날 수 있기 때문이다.

그래서 그들은 자신들의 모습을 드러내지 않고 조심스럽게 우리를 돕고 있다.

그들은 그들과 우리는 형제이고, 모든 것은 하나로 작동하는 하나의 생명이라는 진리를 잘 알기에 우리를 돕는다. 하나의 일부가 다른 일부를 돕는 것은 자기 자신을 돕는 것이라는 점을 잘 이해하기에, 우리가 신으로 진화할 때 그들은 무한한 기쁨을 느낀다. 그들은 우리가 하나 됨과 하나의 넉넉함을 체험하지 못할 때, 그들도 하나 됨과 하나의 풍요로움을 만끽하지 못하는 의식을 지닌 존재들이다.

그들은 우리가 지나치게 오랜 시간 동안 물질세계에 얽매여 분리되어 존재하는 것을 안타까워한다. 그래서 그들은 우리가 하나 됨과 모든 것의 풍요로움을 체험할 수 있는 신으로 진화할 수 있도록 돕고 있다.

지금은 우리가 한꺼번에 신으로 진화할 때다. 우리가 우주의 진리를 이해하고 그것을 올바르게 사용하면, 우리의 의식과 과학기술 수준은 획기적으로 높아지므로, 우리는 한꺼번에 신으로 진화하게 된다.

우리가 신으로 진화하면, 그것은 전 우주의 기쁨이므로 다른 행성의 신들을 비롯한 전 우주는 우리의 실현을 축하하고 기뻐하며 함께 축제를 벌일 것이다.

그러나 우리가 이번 기회에 신으로 진화하지 못하면, 우리는 한꺼번에 멸망할 가능성이 크다.

우리가 멸망의 길로 향하면, 그것은 전 우주의 슬픔이 되고, 다른 행성의 신들 또한 실망을 금치 못할 것이다. 왜냐하면, 그들은 지금까지 보아왔던 그 모든 과정을, 인류가 그려낸 그 모든 드라마를 처음부터 다시 보며 지루하게 기다려야 하기 때문이다.

최근 UFO의 출몰 횟수가 잦아지고 있는 것은, 그들도 우리의 마지막 선택을 흥미롭게 지켜보고 있기 때문이다.

그들은 우리가 신으로 진화하는 영광스러운 순간을 목격하고 싶은 것이다. 그래서 여러 별에서 온 그들은 우리 주변을 맴돌고 있다.

마침내 신들이 만나는 시점이 다가오고 있다. 우리가 한꺼번에 신으로 진화하여 재탄생하는 순간, 다른 행성의 신들은 모습을 드러내고, 마침내 위대한 신들의 만남은 이루어지게 될 것이다.

그리고 우리가 그들이고 그들이 우리이며, 모든 것이 하나임을 확인한 그들과 우리는 기뻐하고 축하하며 크게 웃을 것이다. 그들은 우리에게 우주선 등 우주여행에 필요한 핵 과학을 아낌없이 전달할 것이다.

그리고 신으로 진화한 우리는, 더 장엄하고 더 다양하며 더 위대한 모험의 길을 떠나게 된다. 그중 하나가 장대한 우주로 나아가 다른 행성에서 신으로 진화하는 형제들을 관찰하고 그들을 돕는 것이다.

다른 행성의 신들이 우리를 도왔던 것처럼, 우리도 신으로 진화하는 그들을 돕게 된다. 그리고 그들이 신으로 진화하는 순간, 우리도 그들과 함께 모두가 형제이고 하나임을 기뻐하고 축하하며 크게 웃을 것이다.

그러므로 그들을 두려워하거나 숭배하지 말고, 형제로서 그들을 맞이하고, 그들에게서 핵 과학을 배우면 된다. 그러면 우리는 조금 더 쉽게 우리 자신이 영원하고 무한한 신이라는 진리를 체험하게 될 것이다.

| 부록 |

실험 1 미생물 배양 실험

▶ 실험자 : 최인호

〈사진 1, 2019년 8월 4일 촬영〉

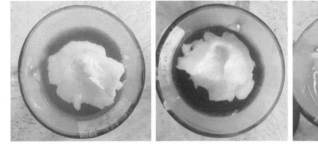

1. 핵 푸드 용액   2. 구기자 용액   3. 생수

▶ 1. '핵 푸드 용액'은 생수에 핵 푸드를 0.4% 비율로 희석
   한 용액에 돼지기름을 넣은 사진이고,

▶ 2. '구기자'는 생수에 구기자 가루를 0.8% 비율로 희석한
   용액에 돼지기름을 넣은 사진이며,

▶ 3. '생수'는 순수한 생수에 돼지기름을 넣은 사진이다.

〈사진 2-1, 8월 20일 촬영〉(16일 경과 후)

1. 핵 푸드 용액   2. 구기자 용액   3. 생수

▶ 16일이 지난 후 돼지기름의 변화 정도를 촬영한 사진이
  다. 시커멓게 부패한 부분은 해로운 세균이 번식하고 있음
  을 나타내고, 노랗게 발효된 부분은 유익한 미생물이 번식
  하고 있음을 나타낸다.

▶ 구기자 용액과 생수에 담긴 돼지기름은 부패했지만, 핵
  푸드 용액에 담긴 돼지기름은 발효되었음을 확인할 수 있
  다.

▶〈사진 2-2. 현미경사진〉

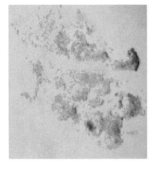 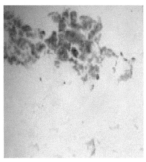 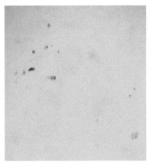

1. 핵 푸드 용액   2. 구기자 용액   3. 생수

▶ 위 3개의 용액에 번식한 미생물을 현미경으로 촬영한 사진이다. 사진의 푸른색을 띤 부분은 미생물을 배양한 후 푸른색으로 염색한 것이므로 푸른색을 띤 부분이 많을수록 많은 숫자의 미생물이 번식하고 있음을 나타낸다.

▶ 핵 푸드 용액, 구기자 용액, 생수의 순으로 미생물의 숫자가 많다는 것을 알 수 있다.

▶ 미생물 배양 실험 결과, 핵 푸드 용액에서 유익한 미생물들은 활발하게 번식하지만, 해로운 세균은 존재할 수 없다는 사실을 확인할 수 있었다.

실험 2 미생물 항균 활성 및 생장촉진능 실험

▶ 실험자 : 한국의과학연구소

실험결과

시료명	균주	대조군 균체수(cfu)	실험군 균체수(cfu)	활성도(%)
병원성 미생물 항균활성	포도상구균 (Staphylococcus aureus)	1.49×10^{11}	1.21×10^{11}	18% 억제
	대장균 (Escherichia coli)	2.70×10^{10}	3.21×10^{10}	N.D
유용미생물 생장촉진활성	유산균 (Lactobacillus plantarum)	1.60×10^{10}	1.70×10^{10}	6.3% 증가
	고초균 (Bacillus subtilis)	1.10×10^8	2.07×10^7	178.2% 증가

- 주) 시료는 멸균수로 희석하였음.
  N.D: Not Detected(불검출)

▶ 하루(24시간) 동안 0.4% 핵 푸드 용액에서 실험한 결과, 해로운 세균인 포도상구균은 18%, 대장균은 100% 사멸했으나, 유익한 미생물인 유산균은 6.3%가 증가하고, 고초균은 178.2%가 증가했음을 확인할 수 있다.

▶ 핵 푸드 용액에서 유익한 미생물은 번성하고, 유해한 세균은 사멸함을 확인할 수 있었다.

실험 3 면역세포·폐세포 성장 및 독성 실험

▶ 실험자 : 동남의화학연구원

1. 면역세포

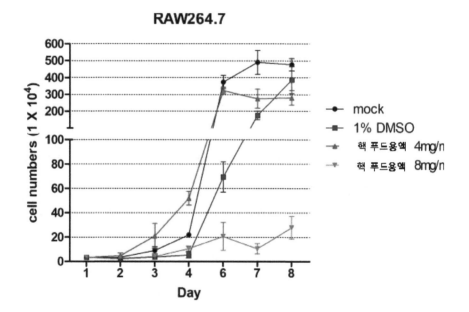

cell counts (1 X 104)	Day 1	Day 2	Day 3	Day 4	Day 6	Day 7	Day 8
mock	3	3	9	22	374	491	477
DMSO 1%	3	2	4	5	69	176	386
핵 푸드용액 4mg/ml	3	5	21	52	324	275	281
핵 푸드용액 8mg/ml	3	3	4	11	21	10	28

▶ 8일 동안 면역세포를 0.4% 핵 푸드 용액과 0.8% 핵 푸드 용액에서 배양한 결과 면역세포는, 0.4% 핵 푸드 용액에서 대조군(1% DMSO)이나 배양액(mock)보다 빠르거나 같은 수준으로 번식하지만, 0.8% 핵 푸드 용액에서 대조군(1% DMSO)이나 배양액(mock)보다 느리게 번식한다는 사실을 알 수 있다.

2. 폐세포

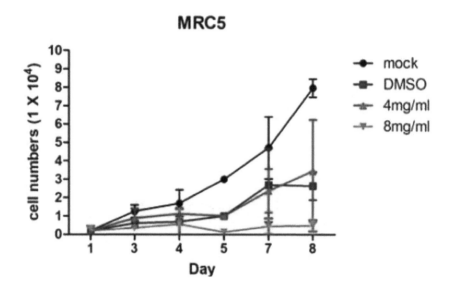

MRC5

cell counts (1 X 104)	Day 1	Day 3	Day 4	Day 5	Day 7	Day 8
mock	0.2	1.3	1.7	3.0	4.7	8.0
DMSO	0.2	0.6	0.7	1.0	2.7	2.6
핵 푸드용액 4mg/ml	0.2	0.9	1.1	1.0	2.4	3.5
핵 푸드용액 8mg/ml	0.2	0.4	0.6	0.1	0.5	0.5

▶ 8일 동안 폐세포를 0.4% 핵 푸드 용액과 0.8% 미네랄 식품 용액에서 배양한 결과, 폐세포는 0.4% 핵 푸드 용액에서 대조군(1% DMSO)과 동일한 수준으로 번식하지만, 0.8% 핵 푸드 용액에서 대조군(1% DMSO)이나 배양액(mock)보다 느리게 번식한다는 사실을 알 수 있다.

▶ 면역세포와 폐세포 성장 및 독성 실험 결과, 0.8% 핵 푸드 용액보다 0.4% 핵 푸드 용액에서 더 잘 번식한다는 사실을 확인할 수 있었다.

실험 4 암세포 성장 및 독성 실험

▶ 실험자 : 동남의화학연구원

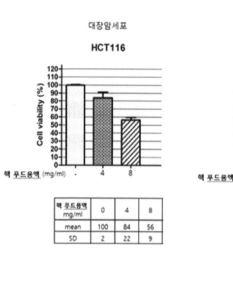

대장암세포

HCT116

핵 푸드용액 mg/ml	0	4	8
mean	100	84	56
SD	2	22	9

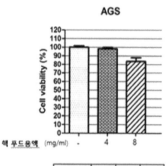

위암세포

AGS

핵 푸드용액 mg/ml	0	4	8
mean	100	98	84
SD	5	5	12

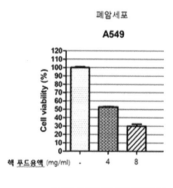

폐암세포

A549

핵 푸드용액 mg/ml	0	4	8
mean	100	53	30
SD	3	1	7

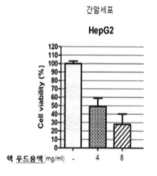

간암세포

HepG2

핵 푸드용액 mg/ml	0	4	8
mean	100	49	28
SD	9	29	37

전립선암세포

PC3

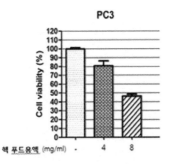

핵 푸드용액 mg/ml	0	4	8
mean	100	81	46
SD	4	17	6

갑상선암세포

SNU790

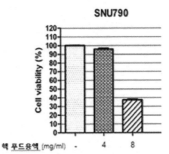

핵 푸드용액 mg/ml	0	4	8
mean	100	96	37
SD	1	3	2

유방암세포

MCF7

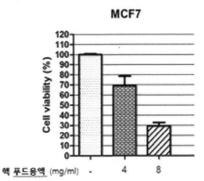

핵 푸드용액 mg/ml	0	4	8
mean	100	69	29
SD	3	29	10

▶ 7일 동안 0.4% 핵 푸드 용액에서 실험한 결과 대조군에 비해, 폐암세포는 47%, 간암세포는 51%, 대장암세포는 16%, 위암세포는 2%, 유방암세포는 31%, 전립선암세포는 19%, 갑상선암세포는 4% 감소했고,

▶ 7일 동안 0.8% 핵 푸드 용액에서 실험한 결과 대조군에 비해, 폐암세포는 70%, 간암세포는 72%, 대장암세포는 44%, 위암세포는 16%, 유방암세포는 71%, 전립선암세포는 54% 갑상선암세포는 63% 감소했다.

▶ 암세포 성장 및 독성 실험 결과, 암세포의 종류에 따라 차이는 있지만 모든 종류의 암세포는 핵 푸드 용액 속에서 그 숫자가 감소하고, 핵 푸드 용액의 농도가 짙어질수록 그 숫자가 더 빠르게 감소한다는 사실을 확인할 수 있다.

|참고 서적 |

- 쇼 라즈니쉬, 손민규 역, 반야심경(The Heart Sutra)』, 태일 출판사, 2011
- 오쇼 라즈니쉬, 손민규 역, 『금강경(The Diamond Sutra)』, 태일 출판사, 2011
- 오쇼 라즈니쉬, 손민규 역, 『법구경(The Dhammapada: The Way of the Buddha) 2』, 태일 출판사, 2012
- 오쇼 라즈니쉬, 손민규 역, 『조르바 붓다의 혁명(The Rebel: The Very Salt of The Earth)』, 젠토피아, 2013
- 닐 도날드 월쉬, 조경숙 역, 〈신과 나눈 이야기1, 2, 3, (Conversation with God)〉 아름드리미디어 1997
- 제이지나이트, 유리타 역, 『람타 화이트 북』 아이커넥, 2011
- 콜럼 코츠, 유상구 역, 『살아있는 에너지』, 도서출판 양문, 1998
- 에모토 마사루, 양억관 역, 『물은 답을 알고 있다』, 나무심는사람, 2002
- 김인자, 『참』, 도서출판 다생소활, 2008
- 강대봉, 『氣』, 도서출판 언립, 1989
- 심천 박남희, 『심천사혈요법 1, 2, 3』, 심천출판사, 2005
- 소공자, 『맨땅요법』, 코스모스북, 2015
- 최인호, 『B순환』, 천지인, 2010
- 최인호, 『나는 누구인가』 도서출판 지식공감, 2016
- 최인호, 『중심의 비밀』 도서출판 지식공감, 2019
- 최인호, 『질병의 뿌리』 도서출판 지식공감, 2020
- 최인호, 『정당은 바이러스다』 도서출판 지식공감, 2021
- 최인호, 『세포의 중심』, 도서출판 지식공감, 2021.
- 최인호, 『세포 소용돌이』, 도서출판 지식공감, 2022.
- 최인호, 『수레바퀴 헌법』, 도서출판 지식공감, 2022.
- 최인호, 『신들의 지식』, 도서출판 지식공감, 2023.

핵

초판 1쇄	2025년 1월 31일
지은이	최인호
발행인	김재홍
도움 주신 분	고 양대윤, 관웅(스님), 강성철(박사), 정병관
	이영우(언론인), 신면주(변호사) 등
발행처	도서출판지식공감
등록번호	제2019-000164호
주소	서울특별시 영등포구 경인로82길 3-4 센터플러스 1117호
전화	02-3141-2700
팩스	02-322-3089
홈페이지	www.bookdaum.com
이메일	jisikwon@naver.com
가격	25,000원
ISBN	979-11-5622-909-4 03400